Wenn sich der Himmel wieder öffnet

Nicolas Koch &
Susanne Hübscher (Hrsg.)

WENN SICH DER HIMMEL WIEDER ÖFFNET

Menschen mit Schicksalsschlägen erzählen

Brendow
VERLAG + MEDIEN

Bibliografische Information der Deutschen Nationalbibliothek
Die Deutsche Nationalbibliothek verzeichnet diese Publikation in der Deutschen Nationalbibliografie; detaillierte bibliografische Daten sind im Internet über http://dnb.d-nb.de abrufbar.

ISBN 978-3-86506-375-5

Die angeführten Bibelstellen folgen, soweit nicht anders gekennzeichnet, der Lutherübersetzung (1984)
Einbandgestaltung: Brendow Verlag, Moers
Titelfoto: shutterstock
Satz: BrendowPrintMedien, Moers
Druck und Bindung: Bercker Graphischer Betrieb, Kevelaer
Printed in Germany

www.brendow-verlag.de

Nicht den Tod sollte man fürchten,
sondern dass man nie beginnen wird, zu leben.
Marc Aurel

Auch wenn ich Leib und Leben verliere,
du, Gott, hältst mich;
du bleibst mir für immer!
Aus Psalm 73

Inhalt

Vom Umgang mit Verlust und Trauer. Eine Einführung

Von Thomas Klappstein

Es gibt Momente im Leben, da steht die Welt für einen Augenblick still, und wenn sie sich weiterdreht, ist nichts mehr, wie es war. So einen Moment haben die Menschen erlebt, die in diesem Buch zu Wort kommen. So einen Moment haben auch viele der Leser dieses Buches schon erlebt. So einen Moment erleben Menschen in besonderer Weise immer dann, wenn sie einen Verlust erleiden. Ob der Verlust eines lieben Menschen, der einen über viele Jahre begleitet hat, der Verlust der Gesundheit, die so vieles im Leben erst möglich gemacht hat, oder die Trennung von einem Ehepartner, mit dem man den Rest seines Lebens verbringen wollte ... Im ersten Moment steht man dem immer hilflos gegenüber. Es fällt schwer zu verstehen, warum dies so passiert ist.

Oft bohrende und schmerzende „Warum?-Fragen“ kommen einem in den Sinn, auf die es kein einfaches und eindeutiges „Darum!“ gibt. Eigentlich überhaupt keine Antwort.

Auch weil solche Verlusterfahrungen Momente sind, auf die man sich nicht wirklich vorbereiten kann, die eigentlich immer zu früh kommen. Ob nun absehbar oder unvermittelt. Die eine Lücke hinterlassen im Leben. Der Arbeitgeber braucht einen nicht mehr. Die Ehe, die „für immer“ halten sollte, ist nur noch ein Scherbenhaufen. Der Platz eines lieben Menschen bleibt leer, seine Stimme ist verstummt.

Man wird zum ersten Mal oder erneut mit dieser Tatsache und unumstößlichen Lebenswahrheit konfrontiert, die man in guten Zeiten so gerne ausblendet: Alle unsere Wege haben ein Ende.

Jedes Leben ist es wert, gelebt zu werden. Und jeder Verlust hinterlässt eine Lücke darin. Lässt Menschen die Endlichkeit schmerzlich spüren. Im ersten Moment mag man gar nicht so sehr an die Zukunft denken. Immer wieder geht man alte Wege, sucht alte Plätze auf; schwelgt in Erinnerungen an die Zeit davor, an all die Möglichkeiten, die man hatte. Und man spürt einen Stich in seinem Herzen. Nicht selten Einsamkeit. Man geht die alten Wege und hofft, dass der Weg für einen doch eines Tages weitergehen wird.

Doch bei jedem Abschied, egal, ob von einem geliebten Menschen, einer alten Umgebung, dem Ehepartner oder auch der eigenen Gesundheit, wird zugleich deutlich, wie kostbar das Leben ist. Es ist ein Geschenk, das jeder von uns für ein paar Jahre aus der Hand des Schöpfers, aus Gottes Hand, erhält. Und nach der Zeit der Trauer – deren Länge sehr individuell ist – wird man sich auch wieder über dieses Geschenk freuen können.

In der Phase unmittelbar danach hadert man aber nicht selten mit dem Schicksal. Da mag auch Wut sein und Unverständnis über so manche Dinge, manche Entwicklungen. In so einer Phase beten viele, weil Sie Antwort und Frieden suchen. Dieses Gebet kann manchmal eine einzige, bittere Klage sein. Aber trotzdem wird man spüren, dass es guttut. Der Schöpfer des Lebens hält so etwas aus. Es ist wichtig, Trauer zuzulassen. Auch seine Wut und sein Unverständnis mitteilen zu dürfen.

Zu gegebener Zeit wird man neben dem Schmerz ein zweites Gefühl spüren: Dankbarkeit. Dankbarkeit für gute Zeiten und Jahre. Und man wird froh darüber sein, dass einem unvergessliche Zeiten geschenkt worden sind. Die alte Lebenssituation, von der man sich nun verabschiedet, hat einen auf seine Weise geprägt und beschenkt. Etwas davon wird für immer zurückbleiben. Man darf Gott, den Schöpfer des Lebens, darum bitten, dass er einem, nach der wichtigen Zeit der Trauer, diese Gesinnung schenkt und erhält. Auch die Gedanken der Erinnerung.

Denn solche Gedanken der Erinnerung bilden eine Brücke über das Leben hinaus. Sie sorgen für eine Art Verbindung und dafür, dass Erlebtes im Herzen bzw. in den Gedanken präsent bleibt.

Aber gerade in Verlustsituationen stellt sich dem Betroffenen auch die Frage nach dem, was am Ende bleibt. Mehr als nur Erinnerung. Das nicht vergänglich ist. Das keine Kündigung, kein Scheidungsanwalt und keine Krankheit einem nehmen kann.

Kafka hat einmal gedichtet:

„Das eigentlich Charakteristische dieser Welt ist ihre Vergänglichkeit."

Ein Auftritt, ein Leben, das die große weite Welt äußerlich scheinbar nicht verändert hat. Ein Tod, den in der Relation wenige zur Kenntnis nehmen. Das ist scheinbar oft die Geschichte vieler normaler Menschen. Man kann sich schon fragen, ob Kafka recht gehabt hat: Gibt es überhaupt irgendwas in unserem Dasein, das nicht vergänglich ist, das nicht der Vergessenheit anheimgerät?

Jemand anderes hat mal geschrieben:

„Gott wird das Gesicht eines Menschen auch dann noch sehen, wenn keiner mehr nach ihm fragt."

Der Satz von Kafka stimmt dann nicht mehr, wenn einem der durch seinen Sohn Jesus Christus menschgewordene Gott ins Gesicht schaut. Denn in Jesus eröffnet er uns eine Perspektive, die über dieses Leben hinausgeht.

Wir tragen für den Schöpfer des Lebens längst ein unverwechselbares Gesicht, das er herausfindet und ansieht unter zahllosen anderen. Er freut sich über jedes Gesicht, das er entdeckt. Er möchte es entdecken. Mit all den Narben und Furchen, die das Leid darin gezeichnet haben. Und wenn sich die Nebelschwaden der Trauer und anderer Dinge lichten, kann man vielleicht auch wieder seins erkennen. Im Hier und Jetzt.

Und auch davon erzählen die Beiträge in diesem Buch. Wie Menschen erfahren haben, dass Gott sie anschaut. Wie sie ihn erlebt und sich neue Perspektiven aufgetan haben. Wie sich der Himmel wieder geöffnet hat.

Thomas Klappstein ist geboren und aufgewachsen im Großraum Hamburg. Gelernter Groß- und Außenhandelskaufmann, studierter Theologe, studierter Diplom-Verwaltungswirt. Ordinierter Pastor im Mülheimer Verband Freikirchlich-Evangelischer Gemeinden (MVFEG). Derzeit freiberuflich aktiv als Autor, Prediger, Presse- u. Öffentlichkeitsarbeiter, Redner, Trauerredner, Moderator. Lebt mit Frau Claudia und seinen zwei Kindern in Duisburg.

„Wir konnten dem Täter vergeben“

Mirco Schlitter war zehn Jahre alt, als er gegen Abend mit seinem Fahrrad unterwegs ist und nicht zurückkehrt. Fünf Monate später nimmt die Polizei einen 45-jährigen Mann fest, der die Beamten kurz darauf zur Leiche des Jungen führt. Mircos Familie sind gläubige Christen und Mitglieder einer Pfingstgemeinde. In diesem Beitrag berichtet die Mutter, Sandra Schlitter, wie sie das Unglück mit ihrer Familie erlebt und überstanden hat.

Von Sandra Schlitter

Es war ein Freitagabend, der 03.09.2010, an dem unser Mirco auf seinem Heimweg entführt wurde. Ich wollte am nächsten Morgen zur Arbeit gehen, als ich bemerkt habe, dass er nicht in seinem Bett liegt. Auch stand sein Fahrrad (das er niemals alleine lassen würde!!) nicht im Schuppen. Sofort schossen mir unzählige Fragen durch den Kopf: „Ist er bei seinen Kumpels? Was ist passiert?“ Ich habe zuerst seine Freunde angerufen, um mich schlau zu machen, ob er vielleicht über Nacht dageblieben sei. Fehlanzeige. Wir dachten daran, dass ihm vielleicht etwas passiert sein und er in einem umliegenden Krankenhaus liegen könnte. Also habe ich auch dort angerufen, aber wieder ohne Erfolg. Sofort sind auch mein Mann und Mircos Bruder mit dem Fahrrad losgefahren, in der Hoffnung, irgendeinen Hinweis auf ihn – oder sogar Mirco selbst – zu finden. Als auch das nichts brachte, habe ich mich an die Polizei gewandt, die sofort mit der Suche startete!

Zu diesem Zeitpunkt hatte meine Familie im Hintergrund schon begonnen zu beten, dass es Mirco doch gut gehen möge und wir ihn so schnell wie möglich finden würden. Am Tag von Mircos Verschwinden stieß ich in meiner Morgenandacht auf

Vers 31 in 2. Samuel 22: *„Alles, was dieser Gott tut, ist vollkommen, und was der Herr sagt, ist unzweifelhaft wahr. Wer in Gefahr ist und zu ihm flieht, findet bei ihm immer sicheren Schutz."* Dieser Vers hat mir Trost geschenkt und mich durch die folgende Zeit begleitet.

Nachdem wir Mirco vermisst gemeldet hatten, begann eine Zeit des Hoffens, Wartens und ständigen Bereitseins. Viele Polizeibeamte gingen bei uns ein und aus und nahmen Sachen von Mirco mit, damit die Spürhunde seine Fährte aufnehmen konnten. Ab Sonntagabend war dann die gesamte Familie zusammen: Vater, Mutter, Geschwister, Omas und Opas, Tanten, Onkel, Cousins und Cousinen haben unsere Sorgen gemeinsam im Gebet zu Gott gebracht. So wie es in Philipper 4,6 heißt: *„Macht euch keine Sorgen, sondern wendet euch in jeder Lage an Gott und bringt eure Bitten vor ihn. Tut es mit Dank für das Gute, das er euch schon erwiesen hat."* Der Vers hat sich seit meiner Taufe tief in mein Herz gebrannt. Diese Austausch- und Gebetsabende waren für uns als Familie prägende und wichtige Zeiten. Für die Kinder war es zudem gut, ihre Cousins und Cousinen da zu haben, so waren sie nicht so alleine.

„Macht euch keine Sorgen, sondern wendet euch in jeder Lage an Gott und bringt eure Bitten vor ihn."

Schon am ersten Tag nach Mircos Verschwinden fragte die Polizei an, ob sie sein Fahndungsbild in den WDR-Nachrichten bringen dürfte. Für uns war klar, dass wir das unterstützen, denn wir wollten Mirco ja so schnell wie möglich wiederhaben. Dass schon die Veröffentlichung seines Bildes so weite Kreise zieht und er sich in so viele Herzen brennt, hatten wir aber nicht gedacht. Wir bekamen von Menschen aus aller Welt Post, wo uns mitgeteilt wurde, dass sie in ihren Gemeinden/Kirchen für uns beten. Andere wollten durch Wahrsagerei oder Wünschelrutensuche etwas für uns tun. Mit diesen Dingen konnten wir uns natürlich nicht identifizieren.

Es war in diesen ersten Wochen nach Mircos Verschwinden schwierig, einen normalen Alltag zu führen. Wir haben während dieser Zeit mit herabgelassenen Jalousien gelebt, damit uns die Medienvertreter nicht durch die Fenster filmen. Schon wenn man mit dem Hund rausgehen wollte, musste man erst schauen, ob keine Presse vor der Tür steht, die einen abfängt. Durch den Medienrummel war Mirco in aller Munde. Oft wurden dort Dinge verbreitet, die gar nicht wahr waren. Menschen, die uns überhaupt nicht kannten, meinten auf einmal, mit uns befreundet zu sein und der Welt irgendwas über uns erzählen zu müssen. Das war alles nicht so einfach. Aber wir durften es an unseren Vater im Himmel abgeben – und auch an den Opferschutz, der von Anfang an für uns da war. Zudem haben wir für die „SOKO Mirco" gebetet, dass sie immer wieder Freude und Kraft für ihre Aufgaben haben. Gerne haben wir ihnen Fragen zu unserem Sohn beantwortet, um ihn ihnen näherzubringen. So hatten wir das Gefühl, auch etwas tun zu können.

„Wir haben mit herabgelassenen Jalousien gelebt, damit uns die Medienvertreter nicht durch die Fenster filmen."

Wir haben in dieser Zeit immer wieder neue Hoffnung geschöpft, dass Mirco zu uns zurückkehren würde, besonders, wenn neue Spuren auftauchten. Etwa als seine Hose oder sein Fahrrad gefunden wurde. Zudem gab es Hinweise auf den PKW des Täters. Auch aus der Bevölkerung gingen jede Menge Hinweise bei der Polizei ein.

Als dann die Herbst- und Winterzeit kam und wir noch immer keinen Hinweis auf den Verbleib unseres Sohnes hatten, haben wir uns für einen Fernseh-Appell entschieden. Irgendwas musste passieren. Wir hofften, der Täter würde sich vielleicht melden oder der Polizei wenigstens einen Hinweis geben. Der Auftritt im Fernsehen ist uns nicht leichtgefallen, denn alle Erlebnisse um den Verlust unseres Kindes kamen dabei wieder extrem hoch. Es fiel mir auch deswegen schwer, weil ich es nicht gerade gewohnt bin, vor der Fernsehkamera zu stehen. Alles war fremd, die Redakteure (die aber superlieb zu uns waren), das ganze Umfeld und dann der Gedanke, dass in ein paar Minuten die ganze Welt weiß, wer man ist. Aber ich habe es gemacht, weil es um meinen Mirco ging.

Wieder war die Reaktion überraschend stark. Jetzt war man geoutet, und die Welt hat mehr auf einen geschaut als vorher – denn jetzt hatten die Eltern ein Gesicht. Nach dem Appell kamen jede Menge Fernsehanfragen, die wir aber dankend abgelehnt haben, da wir uns nicht mit zu vielen Dingen belasten wollten.

Unser Gebet war natürlich immer, dass der Täter sich meldet oder wenigstens zeigen möge, wo Mirco ist. Dann kam der Tag der Festnahme, und kurz darauf hat der Täter die SOKO tatsächlich zur Leiche unseres Kindes geführt. Dafür sind wir dankbar, denn so konnten wir unter die Zeit des Wartens endlich einen Schlussstrich ziehen. Eine neue Phase des Verarbeitens konnte jetzt beginnen.

„Es ist endgültig, Mirco kommt nicht mehr zu uns, sondern ist schon in seinem himmlischen Zuhause.“

„Es ist endgültig, Mirco kommt nicht mehr zu uns, sondern ist schon in seinem himmlischen Zuhause.“ Dieser Gedanke hat uns ganz viel Trost gegeben – dass wir wissen dürfen, dass er von Anfang an bei unserem himmlischen Vater war und dass wir uns jetzt auf ein Wiedersehen mit ihm freuen können.

Die Beerdigung war ein großer Schritt des Abschiednehmens. So viele Menschen haben an uns gedacht. Uns wurde der Bibelvers aus Psalm 95,4 wichtig: „In Gottes Hand sind die Tiefen der Erde und die Höhen der Berge!“ Auch musste ich immer an Mircos Segnungsvers zur Geburt denken, aus Apostelgeschichte 5,29: „Man muss Gott mehr gehorchen als den Menschen.“

Nach der Beerdigung kehrte langsam der Alltag ohne Mirco ein. Natürlich hat er eine große Lücke hinterlassen. Oft sind es Kleinigkeiten, die uns an ihn erinnern. Nun muss der Rasen selbst gemäht werden, und wenn ich dem Hund Wasser in den Napf fülle, muss ich immer an seinen Kommentar denken: „Mama, denk ans Saubermachen, sonst ist da so ein komischer Film." Mirco war einfach unser Praktiker und hat gerne mit angepackt. Auch ist es im ganzen Haus jetzt viel ruhiger, denn wo er stand und ging, hat er immer herumgeklopft, sogar mit dem Besteck am Esstisch. Er hat unsere Familie mit seiner lebhaften Art ganz schön geprägt und Wünsche und Ideen hinterlassen, mit denen wir uns immer wieder auseinandersetzen. Wir erinnern uns noch oft und gerne an ihn. Seine Geschwister vermissen ihn, jeder auf seine Art und Weise. Als wir beispielsweise vor einiger Zeit ein Trecker-Museum besucht haben, war Mirco natürlich Gesprächsthema, weil er Traktoren geliebt hat. So geht es uns bei vielen Dingen, die uns im Alltag begegnen. Wir tragen ihn in unseren Herzen, jeder mit seinen eigenen Erlebnissen und Gedanken.

Ein halbes Jahr nach der Beerdigung kam es dann zum Prozessauftakt, und eine neue Zeitspanne begann für uns. Wir mussten das letzte Jahr noch einmal durchleben und uns mit vielen schmerzlichen Dingen auseinandersetzen. Dennoch war es mir wichtig, den Prozess „live" mitzuerleben, da es der Verarbeitung diente. Von dem ersten Tag an hatten wir für die Person gebetet, die unseren Mirco entführt hat, und Gott gebeten, ihm zu begegnen und an die Wahrheit heranzuführen. An jedem Prozesstag, wo wir da waren, haben wir dem Täter dann gegenübergesessen. Bis heute ist es für uns nicht nachvollziehbar, wie ein Mensch zu so einer Tat fähig ist. Dennoch konnten wir unserem Feind vergeben – was ihn aber nicht von Strafe freispricht. Das war eine bewusste

„Wir konnten dem Täter vergeben."

Entscheidung und fiel uns auch nicht gerade leicht. Aber es lehrt uns schon das Vaterunser, wo es heißt: *„Vergib uns unsere Schuld, wie auch wir jedem verzeihen, der uns Unrecht getan hat“* (Matthäus 6,12).

Dabei hat uns auch geholfen, dass wir während der Zeit des Prozesses Gebet und Lobpreis nicht aus den Augen verloren haben. Bis jetzt fühlten wir uns getröstet und getragen von unserem himmlischen Vater. Viele Geschwister, Freunde und Fremde haben für uns gebetet und uns Karten und Päckchen zur Ermutigung und zum Trost geschickt. Ohne Gebet, Gottes Wort und Lobpreis würden wir heute nicht dort stehen, wo wir jetzt sind.

Die Menschen um uns herum haben in der gesamten Zeit erschrocken reagiert und konnten nicht begreifen, dass so etwas ausgerechnet uns passiert. Aus dem Umfeld kamen Fragen, und die häufigste lautete: Warum hat Gott Mirco nicht schon am Tatabend bewahrt und vor dieser Situation geschützt? Ich dagegen kann glauben, dass Gott Mirco ganz nah war. In Psalm 91,11 lesen wir, dass Gott seinen Engeln befohlen hat, uns zu beschützen, wohin wir auch gehen. Schon bevor Mirco verschwand, habe ich meine Kinder jeden Tag in Gottes Hand gelegt und um seinen Schutz gebeten – denn ich kann meine Kinder nicht immer vor allem bewahren und schützen.

„Ich kann glauben, dass Gott Mirco ganz nah war.“

Unsere Familien und Freunde haben uns ganz viel Hilfe angeboten und viel für uns gebetet. Auch Menschen, die wir nicht kannten oder kennen. Das ist einfach großartig, wie Gott Menschen eins machen kann im Gebet. Viele haben sich getröstet und gestärkt gefühlt, wenn sie uns persönlich gesprochen haben. Meist hat sich ihre zunächst negative Einstellung ins Positive gewandelt. Aber auch ein paar skurrile Begegnungen gab es …

Zum Beispiel habe ich auf dem Weg zur Schule mal mit einer Mutter gesprochen, die total entsetzt war, „wie diese Eltern (gemeint waren wir) den Jungen (natürlich Mirco) einfach haben alleine fahren lassen können, ach, und dann ist die Mutter ja auch noch einfach schlafen gegangen, das geht ja gar nicht ..." Als meine Jüngste, die auch mit dabei war, mich nur grinsend anschaute, wurde der Frau ganz anders, und sie fragte: „Was ist? Sind Sie etwa ... ?" Ich antwortete nur: „Ja, ich bin die Mama von Mirco." Sie hat sich dann ein paarmal entschuldigt und plötzlich ganz anders gesprochen.

Dies ist kein Einzelfall. Oft kamen falsche Behauptungen von Menschen, die uns gar nicht kannten. Man wurde durch das, was an die Presse gelangt war (angeblich hatte unser 10-jähriger Junge einen Irokesenschnitt und war auf der Skateranlage verschwunden), in eine Schublade geschoben, die mit der Realität meist nicht viel zu tun hatte. Es kamen die tollsten Sachen zu Tage, bis hin zur Behauptung, Mirco sei nicht unser leibliches Kind. In diesen Situationen mussten wir lernen, uns nicht damit zu belasten, sondern uns an der Wahrheit zu orientieren.

Ein wichtiger Punkt in der öffentlichen Wahrnehmung war der Auftritt bei „Beckmann", der einzigen Talksendung, zu der wir dann doch gegangen sind. Das Thema „Glaube trägt" hatte uns zugesagt, und wir wollten vielen Menschen diesen lebendigen Gott näherbringen. Zudem war der Auftritt für uns der einfachste Weg, die vielen Menschen zu erreichen, die die ganze Zeit an uns gedacht hatten.

> „Wir wollen und wollten vielen Menschen diesen lebendigen Gott näherbringen."

Der Abend war natürlich mit Bauchkribbeln verbunden, aber wir durften in der Sendung „wir" bleiben und haben uns nicht verstellen müssen. Die Reaktionen der Bevölkerung waren unterschiedlich, eigentlich war von allem etwas dabei. Die einen haben sich gefreut, uns im Fernsehen zu sehen und zu merken, dass es uns gut geht. Andere wiederum haben sich gefragt, warum wir uns das jetzt auch noch antun, irgendwann müsse doch mal ein Ende sein. Und nicht zuletzt waren viele angetan von unserer Stärke, was wir aber immer wieder an Jesus weiterleiten, denn er ist in den Schwachen mächtig (2. Korinther 12,9).

Es sind einige Dinge, die uns geholfen haben – und immer noch helfen –, die Zeit zu überstehen. Von Anfang an bis heute hilft uns der Glaube an Gottes Wort, Gebet und Lobpreis. Der Austausch in der Familie und das gemeinsame Gebet in der gesamten Zeit waren und sind prägende Zeiten. Unsere Gemeinde und die vielen Geschwister auf der ganzen Welt, die für uns gebetet haben und auch immer noch beten, möchten wir nicht missen.

Außerdem hat uns geholfen, unsere Kinder als Geschenke Gottes zu sehen und nicht als unseren alleinigen Besitz. Gott hat sie uns anvertraut, für eine unbestimmte Zeit. Er hat immer ein Auge auf sie, gerade dann, wenn wir es nicht können. Ich durfte und darf immer wieder lernen, meine Kinder in Seine Hände abzugeben.

Auch dass unser ganz normaler Alltag irgendwann weiterging, hat uns geholfen. Auszeiten, die von unseren Arbeitgebern gewährt wurden, waren sehr gut, und ebenso war hilfreich, dass wir den Zeitpunkt des Wiedereinstiegs bestimmen konnten. Die Kinder brauchten ihren Schulalltag und ihre Freunde. Aktuell dürfen wir alles sacken lassen und sind dankbar, mit unserer Familie an einem Ort des Friedens sein zu dürfen. An diesem Rückzugsort immer wieder aufzuatmen und Ruhe und Abstand gewinnen zu können, ist ein großartiges Geschenk. Auch Urlaube und Treffen in der Familie und mit Freunden helfen uns dabei, Abstand zum Geschehen zu bekommen.

Ich bin Gott dankbar, dass er uns auch vor Depression und Krankheitsschüben verschont hat. Immer nach vorne zu schauen und zu sehen, was ER auch im tiefsten Leid für positive Dinge tut und tun kann, ist uns ein großer Trost. Wir wollen es halten wie in einem alten Chorus, in dem es heißt: „Richte den

Blick nur auf Jesus, schau auf in sein Antlitz so schön. Und die Dinge der Welt werden blass und klein, in dem Licht seiner Gnade gesehen."

Die Verarbeitung hört natürlich nicht einfach irgendwann auf. Wir werden, so denke ich, unser ganzes Leben in einem Heilungsprozess sein, da natürlich immer wieder Situationen und Tage kommen, an denen wir an unseren Mirco denken oder uns fragen, was jetzt aus ihm geworden wäre. Diese Dinge wollen wir gemeinsam offen und ehrlich angehen. Das ständige Fragen nach dem „Warum?" würde uns nur kaputt machen, deshalb fragen wir lieber: „Wozu, Gott?"

Für das Jahr 2011 habe ich einen Vers für Mirco aus Matthäus 24,13 gezogen: *„Wer aber bis zu Ende standhaft bleibt, wird gerettet."* Und das wünschen wir uns für die nächste Zeit, dass wir standhaft bleiben bis zum Ende. Und auch, dass Gott durch unser Zeugnis noch zu ganz vielen Menschenherzen reden kann und auch sie errettet werden. Wir freuen uns über Menschen, die jetzt schon einen Neuanfang und eine persönliche Beziehung mit Jesus begonnen haben.

Wenn ich Lieder singe oder Bibeltexte lese, wo es um Frieden geht, werde ich immer an meinen Mirco erinnert, da sein Name „Friede/Ruhm" bedeutet. Dadurch hat folgender Vers für mich einen neuen Sinn: *„Meinen Frieden gebe ich euch; einen Frieden, den euch niemand auf der Welt geben kann. Seid deshalb ohne Sorge und Furcht!"* (Johannes 14,27). Diesen Frieden durfte ich bis jetzt erleben und möchte das auch weiterhin erfahren. Ich bin Gott dankbar, dass er mir Sorge und Furcht nimmt.

(Die Bibelverse dieses Beitrags sind zitiert nach der „Guten Nachricht".)

Sandra Schlitter lebt mit ihrer Familie in Grefrath und ist Mitglied einer Pfingstgemeinde.

Herbstzeitlose

Der Künstler und Theologe Fabian Vogt trifft eine schwere Entscheidung: Nachdem seine Ex-Frau ihm das Kind entzieht, verzichtet er auf einen zermürbenden Rechtsstreit.

Von Fabian Vogt

Du hast die feinen Blütenkelche zuerst entdeckt. Weißt du noch? Unter einer alten Esche mit dunkler Borke, ein Stück abseits vom Weg. Da standen sie mit ihren sechs blass-lilafarbenen Blättern und den leuchtend orangen Stempeln, die so frech emporragten, als hätte jemand ein Feuerwerk im Flug angehalten.

„Komm schnell her!", hast du gerufen. Und ich bin natürlich sofort zu dir hingelaufen. So, wie ich immer komme, wenn du rufst. Wie könnte ich deinen Wünschen jemals widerstehen?

Du hast am Boden gehockt und ganz sanft mit den Fingerspitzen an die feinen Härchen getippt, die in der spätherbstlichen Sonne glitzerten: „Guck mal, die Blumen! Wie heißen die? Warum blühen die noch?"

Ich wusste weder das eine noch das andere und habe mich dafür ein bisschen geschämt. Aber das passiert mir ja andauernd. Du stellst Fragen, und ich muss zu meiner Schande eingestehen, dass ich sie trotz der vielen Jahre auf Schulbänken und in Hörsälen nicht beantworten kann. Vielleicht, weil dir ganz andere Dinge wichtig sind als mir. Ich ertappe mich dabei, dass ich überlege, ob dein Blick auf die Welt nicht schöner und wahrhaftiger ist als der meine.

Weißt du noch, wie lange wir dort zusammen gesessen haben? Zehn Minuten, eine Viertelstunde? Ich habe keine Ahnung. Mit dir verfliegt die Zeit so schnell. Irgendwann haben wir aus den Blumen ein Spiel gemacht: Wer kann die dunklen Linien auf den Blättern nachziehen, ohne abzusetzen? Ich habe dich gewinnen lassen, weil deine Augen dann immer anfangen zu strahlen wie Scheinwerfer in einem Seerosenteich. Als würdest du gerade in diesem Augenblick das Geschenk des Lebens auspacken. Davon bekomme ich nie genug. Außerdem war mein Verhalten sicher pädagogisch wertvoll. Oder nicht? Ich bin mir unsicher. Und die Fachleute ändern da ja ständig ihre Meinung.

Am Schluss hast du mich schelmisch von der Seite angesehen und eine der Blüten abgebrochen. Ich musste dir helfen, sie in das Knopfloch deines weinrotkarierten Hemdes zu stecken, und du hast sie mit stolz geschwellter Brust vor dir hergetragen. Der erfolgreichste General hätte seine Orden nicht eindrucksvoller präsentieren können.

> „Dein Lachen, das wie ein gurrender, sprudelnder Wasserfall der Gefühle über mich hinwegbraust, ein unbeschwertes Fest der Laute. Jetzt, in diesem Moment, kann ich es hören."

Danach sind wir zur Schaukel auf dem Spielplatz gelaufen, der in dieser launischen Jahreszeit schon ziemlich müde aussah und anfing, sich mit Blättern zuzudecken. Du warst wie immer zehn Schritte vorneweg, und ich habe dir bestimmt fünf Mal hinterhergerufen: „Lass auf keinen Fall los!"

Du hast nur gelacht. Mit diesem Lachen, das wie ein gurrender, sprudelnder Wasserfall der Gefühle über mich hinwegbraust, ein unbeschwertes Fest der Laute. Jetzt, in diesem Moment, kann ich es hören: dieses Lachen, dem keiner etwas entgegensetzen kann, weil es die Vernunft und die Argumente einfach davonjagt. Und noch bevor ich bei dir an dem rostbraunen Gerüst angekommen war, bist du schon mit beiden Beinen in den Himmel geklettert.

Ich werde mich an diesem Anblick wohl niemals sattsehen: die fliegenden Haare, die Unterschenkel, die wie eine fleißige

Maschine auf- und niedergehen, und das konzentrierte Gesicht mit dem vor Freude weit geöffneten Mund. An diesem Tag habe ich auch die Blüte an deinem Hemd bewundert, die das Abenteuer des Schaukelns mit einer stoischen Ruhe über sich ergehen ließ, auch wenn es mehrmals so aussah, als würde sie beim nächsten Abschwung ganz gewiss davonsegeln.

Ich habe unten gestanden und dich geneckt. Bin mal links und mal rechts von dir aufgetaucht, habe deine Füße kurz festgehalten oder dich gekitzelt. Und dann haben wir beide angefangen zu kichern, du hoch und spitz, ich tief und verwegen. Es hat uns einfach überrollt. Ein herrliches Versinken in der Fröhlichkeit, Eintauchen in ein Miteinander, das uns der Wirklichkeit entzog, als gäbe es in dieser Welt nur dich und mich.

Plötzlich hast du mit einer Hand losgelassen. Ich weiß bis heute nicht, warum, aber die Schaukel geriet ins Schlingern, du bekamst Angst, dein rechtes Bein blieb am Boden hängen, und du bist vornübergestürzt, mit voller Wucht auf den Ellenbogen.

> „Und doch wusste ich sofort, dass ich mir wieder bittere Vorwürfe würde anhören müssen: Mangelnde Aufsichtspflicht, fehlendes Verantwortungsbewusstsein, überhaupt kein Interesse an dem Kind."

Einen Moment war alles still. Als wäre die Zeit einfach verschwunden. Mehr verwundert als leidend hast du mich vom Boden aus mit großen Pupillen angestarrt. Und erst dann, nach einer halben Ewigkeit, sind die Staudämme in deinen Augen gebrochen und haben dein Gesicht, das plötzlich in tausend Stücke zerbrach, überschwemmt.

Weinend, als müsstest du das Leid der ganzen Welt tragen, hast du in meinem Arm gelegen. Ich war – wie so oft – hilflos, habe dich gestreichelt, dir tröstende Worte ins Ohr geflüstert und geguckt, ob du ernsthaft verletzt bist. Aber außer einer Schramme am Arm war nichts passiert.

Und doch wusste ich sofort, dass ich mir wieder bittere Vorwürfe würde anhören müssen: „Mangelnde Aufsichtspflicht, fehlendes Verantwortungsbewusstsein, überhaupt kein Interesse an dem Kind“ und und und.

Ich hätte am liebsten mitgeheult. Für dich war die kleine Wunde nach einem großen, heißen Kakao aus der Thermoskanne und einer guten Vorlesegeschichte bald nur noch ein aufregendes Abenteuer, aber ich wurde meine Traurigkeit nicht los.

Am Tag darauf hat deine Mutter bei mir angerufen. Ich habe die Nummer auf dem Display gesehen und mich direkt in mir verbarrikadiert. Ich fürchte mich vor ihr. Immer noch. Warum, weiß ich gar nicht. Vielleicht, weil sie inzwischen aller Welt so eindrucksvoll erzählt, dass ich der Teufel in Person sei, dass ich langsam anfange, es selbst zu glauben. Und das kann einen Menschen zerfressen.

Tatsächlich war ihre Stimme kalt und schneidend. Und was sie sagte, klang wie ein Befehl, dem man nicht widersprechen darf. Sie wollte gar nicht diskutieren, sie wollte auch nicht ins Gespräch kommen, sie wollte einfach mitteilen. Das hat sie dann auch getan. Ohne zu zögern.

Obwohl ich nicht geglaubt hätte, dass sie mir überhaupt noch mehr wehtun kann, ist es ihr gelungen. Möglicherweise täusche ich mich, aber ich hatte den Eindruck, als läge da ein genussvoller, nur mühsam unterdrückter Triumph in ihrer Stimme, als sie ihre Botschaft Wort für Wort durch den Hörer tropfen ließ? Nun: Vielleicht habe ich es mir nur eingebildet. Darauf kommt es aber gar nicht an. Ihre Mitteilung war auch so verderblich. Leise sagte sie: „Er will dich nicht mehr sehen!“

> „Dieses Telefonat gehörte zu den schrecklichsten Erfahrungen, die ich je machen musste.“

Es hat lange gedauert, bis diese Worte bei mir angekommen sind. Deine Mutter sagte mir trocken, dass du mich nicht mehr sehen willst. Und um mir ganz klarzumachen, was das bedeutet, fügte sie noch befriedigt hinzu: „Wir haben doch beschlossen, niemals etwas gegen den Willen des Kleinen zu machen."

Ach ja! Da warst du gerade vier Jahre alt geworden. Aber das konnte sie schon immer gut: ein Gespräch mit emotionalen Argumenten aushebeln. Ein Bekannter sagte mir kürzlich, dass deine Mutter sich mir in vielen Bereichen unterlegen fühlte. Ich bin da unsicher. Zumindest hat sie sich ein eigenes Waffenarsenal angeschafft, mit dem sie vortrefflich umzugehen weiß. Sie versteht es, so mit ihrem Gegenüber zu reden, dass der andere sich auf jeden Fall schuldig fühlt, ganz gleich, für welchen Lösungsweg er sich entscheidet. Nein. Vergiss das. Wenn ich eines nicht will, dann, dass wir vor dir aufeinander herumhacken. Trotzdem gehört dieses Telefonat zu den schrecklichsten Erfahrungen, die ich je machen musste.

Sie hat sogar noch einmal mit weichem, leicht vorwurfsvollem Ton hervorgehoben, dass die vorläufige Besuchspause wirklich nur dein Wohlergehen im Sinn habe: „Wenn der Kleine dich im Augenblick nicht treffen will, dann machen wir eben eine Unterbrechung der Besuche. Du willst doch auch, dass es ihm gut geht."

Natürlich möchte ich, dass es dir gut geht. Natürlich möchte ich nichts tun, was du nicht möchtest, aber darf sie mir daraus so einfach einen Strick drehen? „Gib ihn mir doch bitte mal!", habe ich interveniert: „Er ist alt genug, mir das selbst zu sagen. Ich wüsste auch gar nicht, welchen Grund er dafür haben sollte. Als ich ihn dir gestern gebracht habe, war er auf der Fahrt unglaublich gut gelaunt und hat von all den herrlichen Ausflügen erzählt, die er mit mir demnächst unternehmen will. Ja, er möchte sogar mit mir in den Urlaub fahren, zu diesem eindrucksvollen Tierpark, in dem ich ihm letztes Jahr die Wildschweine und die Okapis gezeigt habe."

„Er will dich nicht sprechen."

„Wie bitte?"

Dann hat sie aufgelegt. Sie muss mir andauernd zeigen, dass sie nun bestimmt, wie lange unsere Gespräche dauern. Kleiner Mann! Bitte, sag mir, dass das nicht wahr ist! Ich kann es nicht glauben. Verstehst du? Das kann doch nicht sein, dass du mich wirklich nicht mehr sehen willst. Oder will ich es nur nicht glauben? Was hat dir deine Mutter eingeredet, dass du so etwas überhaupt denken konntest? Wenn du es denn jemals gedacht hast.

Jetzt, da ich das hier aufschreibe, spüre ich noch deine kleine, verschwitzte Wange an meinem Hals. Du warst nach unserem Spaziergang ein richtig müder Krieger, ein furchtloser Kämpfer, der nacheinander alle Spielgeräte besiegt und sich an der Schaukel sogar eine – inzwischen längst mit Faszination betrachtete und mit einem bunten Pflaster verdeckte – Wunde eingefangen hatte.

„Warum, warum – verdammt noch mal – solltest du mich nicht mehr sehen wollen?"

„Wir müssen fahren. Die Mama wartet schon!", habe ich gesagt, als du mit einem riesigen Glas Orangensaft vor mir auf dem langen blauen Sofa ausgestreckt lagst – und auf einmal hast du dich an mich geklammert, als wolltest du mich nie mehr loslassen. Und ich hatte genauso das Bedürfnis, alles Trennende ein für allemal wegzuwischen. Ich erinnere mich, wie sehr mir auffiel, dass du immer noch diesen ganz eigenen Geruch hast, den ich schon interessant fand, als du noch ein Baby warst. Eine Mischung aus Karamell, Sand und Lavendel.

Du hast dich lange an mich gekuschelt, meinen Rücken gestreichelt und mir dann von den Dinosauriern erzählt, die du im Kindergarten gerade kennengelernt hast: Tyrannosaurus Rex, Brontosaurus, Diplodocus, Iguanodon und Triceratops. Ich kannte nur die ersten beiden Gattungen; und selbst die verwechsle ich manchmal. Warum, warum – verdammt noch mal – solltest du mich nicht mehr sehen wollen?

Weißt du, was mich am meisten beschäftigt? Die Frage, wie ich nun auf diese zerbrochenen Jahre schauen soll, voller Groll oder mit Dankbarkeit. Deine Mutter hat sich schon entschieden. Zu schnell, wie ich finde. Für sie war unsere gemeinsame Zeit eine einzige Höllenfahrt. Als die viel zu spät aufgesuchte Paartherapeutin sie fragte, wofür sie denn im Rückblick auf unsere Ehe dankbar sei, antwortete sie wie aus der Pistole geschossen: „Für nichts!" Wenn du älter wirst, dann verstehst du vielleicht, wie weh so etwas tut.

Ich möchte mich nicht so kalt und schäbig von dieser Zeit verabschieden. Ich habe sie auch nicht so düster und falsch erlebt. An vielen Stellen habe ich wohl den Luftschlössern mehr Aufmerksamkeit geschenkt als unserer Etagenwohnung, aber meine Freude über das bunte Miteinander, die Reisen, die Erfahrungen und die Sehnsüchte, war genauso ehrlich wie meine Hoffnung.

Soll ich einfach sagen, dass sie mir, dass wir einander zehn Jahre unseres Lebens geraubt haben, und es dabei belassen? Ich kann das nicht. Und vielleicht ist genau das mein Problem. Dass ich mir jedes Mal inniglich wünsche, dass eine Geschichte gut ausgeht. Das ist nun einmal ein Tick von mir. Ich bin nicht in der Lage, mitten in einem Film den Fernseher abzuschalten, bevor ich nicht weiß, wie alles endet. Ja, selbst wenn ich längst ahne, wie alles ausgeht, fiebere ich mit den Helden solange weiter, bis das Gute gesiegt hat.

> „Ich weiß nicht, ob ich jemals wieder an einem Spielplatz vorübergehen werde, ohne dass mir die Tränen kommen."

Ich wollte so gerne, dass die Geschichte von deiner Mutter und mir gut ausgeht. Vielleicht habe ich mir darum den Abgrund verschwiegen. O nein, ich sage nicht, dass sie allein schuld wäre. So einfach mache ich es mir auf keinen Fall. Ich wollte das Kaputte, den Druck, die Angst und das zunehmende Zerwürfnis nicht sehen. Und nun muss ich entscheiden: Schließe ich mich deiner Mutter an und verfluche alles, was war, oder rette ich etwas von der Schönheit, von der Leidenschaft und der Hingabe? Schneide ich die Vergangenheit weg wie eine faule Stelle an einer Kartoffel, oder finde ich meinen Frieden? Den Frieden damit, dass ich offensichtlich einen falschen Weg gegangen bin.

Kleiner Mann! Ich laufe mindestens einmal pro Woche über unseren Spielplatz. Immer den gleichen Weg, den wir damals zusammen gegangen sind. Und manchmal ist mir dabei, als hätte ich dein Lachen gehört. Dann hebt sich mein Kopf, der es sonst nicht wagt, über den Wegrand hinwegzublicken, und ich schaue hoffnungsvoll die vielen schreienden Kinder an, die sich dort vergnügen. Und wenn ich feststellen muss, dass du doch nicht dabei bist, ist es jedes Mal so, als hätte mir jemand einen Schlag direkt in den Magen versetzt.

Ich weiß nicht, ob ich jemals wieder an einem Spielplatz vorübergehen werde, ohne dass mir die Tränen kommen. All die Spielgeräte sind für mich eine große Bibliothek der Erinnerungen. Und ich schlage sie auf, um mich daran festzuhalten. Da! Auf so einer rostigen, ehemals knallroten Rutsche bist du schon hinabgesaust, als du noch nicht einmal richtig sitzen konntest. Ein kleines Bündel Mensch mit einer lauten Stimme und zwei vorwitzigen Zähnen im Oberkiefer, die dich wie ein Hase aussehen ließen. Ich glaube kaum, dass du dich daran erinnerst. Aber ich weiß es noch. Und ich werde es nie vergessen. Die Mama hat dich oben hingelegt und losgelassen – ich habe dich unten aufgefangen. Beim ersten Mal konnte ich sehen, wie dir der Schreck in die Glieder gefahren ist und du plötzlich stocksteif wurdest. Doch mit jedem Mal hat sich dein Grinsen den Ohren mehr angenähert. Und als du dann laufen konntest, warst du jedes Mal einem Tobsuchtsanfall nah, wenn einer von uns beiden dir helfen wollte, die steilen Stufen zu erklimmen. „Allein, allein!“, hast du gerufen. Das war eines deiner ersten

Worte. Wer hätte damals geahnt, dass ich dich eines Tages allein lassen muss?

An dem Tag, an dem wir die lila Blumen betrachtet haben, wolltest du unbedingt mit mir boxen. Weißt du noch? Im Sandkasten, in dem noch einige vergessene Förmchen lagen, wie Korallen am Meeresgrund. Wie komme ich nur auf ein so romantisches Bild? Eigentlich war es ein dunkelgraues, vom Regen stumpf gewordenes Eckchen auf dem Spielplatz.

„Das hier ist unser Ring. Lass uns kämpfen!“, hast du gesagt, dich hingestellt und die kleinen Fäuste weit geschwungen, mit einem eisernen Willen und doch so wenig Kraft. Wenn ich dich jetzt vor mir sehe, denke ich, dass ich genauso bin: Ich will dich endlich wiedersehen, aber ich habe die Kraft nicht mehr. Nein, so darf ich es nicht sagen. Das klingt irgendwie fremd. Mir fehlen wohl die Worte dafür. Wie soll ich es dir nur erklären? Weißt du, wovor ich Angst habe? Dass du eines Tages sagst, ich hätte nicht um dich gekämpft. Wie sollte ich denn? Kann ich gegen deinen erklärten Willen kämpfen? Ich bin so ratlos.

„Weißt du, wovor ich Angst habe? Dass du eines Tages sagst, ich hätte nicht um dich gekämpft.“

Ich habe alle Energie gebraucht, um die Wut, den Hass und die Verletzung in mir unter Kontrolle zu bekommen. Das ist, als ob man einen übervollen Schrank zumachen will, aus dem andauernd etwas anderes hervorquillt. Ich will nicht mehr kämpfen. Ich kann auch nicht mehr. Deine Mutter und ich, wir haben zehn Jahre lang gekämpft. Erst nebeneinander und dann gegeneinander, leider nie miteinander. Unsere Ehe war in all den Jahren ein „Ich“ und ein „Du“. Ein wirkliches „Wir“ ist daraus nie geworden. Das Seltsamste daran ist: Seit du da bist, verstehe ich, wie es eigentlich hätte sein müssen. Denn jetzt geht es mir gut, wenn es dir gut geht.

Die Freunde, zu denen deine Mutter den Kontakt nicht abgebrochen hat, sagen mir, dass du das Leben genießt, dass du dich prächtig entwickelst und ein sehr aufgeweckter Junge bist. Sie denken, dass sie mir damit eine Freude machen, aber sie quälen mich. Kann es dir denn gut gehen, wenn ich nicht an deiner Seite bin? Ich erschrecke, wenn ich so etwas denke, weil ich spüre, dass in diesem ganzen Streit nicht nur das Sehen oder Nichtmehrsehen eine Rolle spielt. Es geht auch um mich. Und das bekomme ich nicht so schnell in den Griff.

Eines habe ich noch keinem erzählt, aber dir möchte ich es gerne sagen: Ich bin inzwischen dankbar, dass deine Mutter gegangen ist. Ich fühle mich elend und traurig bei diesem Gedanken, aber er ist trotzdem wahr. Mama hat nicht nur sich, sondern auch mich aus einem sich immer mehr verfestigenden Lügengefängnis befreit. Obwohl! So kann ich das nicht stehen lassen. Dass sie die Mauern gesprengt hat, dafür bin ich ihr dankbar, dass sie nicht versucht hat, es mit mir gemeinsam zu tun, nehme ich ihr wohl mein ganzes Leben lang übel.

> „Ich habe mir vorgestellt, wie du von Polizisten aus dem Haus deiner Mutter geführt wirst. Weinend, weil du nicht begreifen kannst, was mit dir passiert."

Ich war bei einem Anwalt, einem großen Mann, der ein bisschen wie der Räuber Hotzenplotz aussieht. Der sollte mich beraten. Er hat sich in seinem weichen Ledersessel vor einem modernen Kunstdruck lässig nach hinten gelehnt und mir aufmunternd zugenickt: „Machen Sie sich mal keine Sorgen. Das kriegen wir hin. Überhaupt kein Problem. Sie haben ja schließlich alle Rechte."

Zuerst habe ich mich gefreut, aber dann fing er an, mir die ganze Palette der Möglichkeiten aufzuzeigen: „Sehen Sie: Wenn Ihre Ex-Frau sich nach dem Urteil weiterhin weigert, Ihnen den Umgang zu ermöglichen, dann wird der Junge eben vom Jugendamt oder von der Polizei abgeholt. Zum Glück sind die

Richter in unserer Stadt sehr väterfreundlich. Wie gesagt: Das kriegen wir hin." Und dann wollte er wohl, dass ich ihm sage, wie froh ich über seine Ermutigungen bin. Aber ich war es nicht.

Ich habe mir vorgestellt, wie du von Polizisten aus dem Haus deiner Mutter geführt wirst. Weinend, weil du nicht begreifen kannst, was mit dir passiert. Eine merkwürdige Scheu ist über mich gekommen, die ich von mir gar nicht kenne. In meiner Fantasie hatte ich dich längst ein Dutzend Mal aus dem Kindergarten entführt und mit auf eine lange Reise nach Indien genommen, wo uns keiner findet. Oder nach Taka-Tuka-Land. Manchmal komme ich vor lauter Verzweiflung auf so seltsame Gedanken. Dabei bin ich sicher, dass es dir in Indien gefallen würde. Da leben die Elefanten mit den kleinen Ohren. Hey, du bist doch einmal unglaublich erschrocken, als dir im Zoo einer von diesen Kerlen eine Karotte mit dem Rüssel aus der Hand zog. Darüber haben wir noch ganz oft gesprochen.

Wenn du mir wieder mal so sehr fehlst, dass ich nicht schlafen kann, dann schmiede ich sogar noch finsterere Pläne. Dann lasse ich deine Mutter von der Mafia entführen und in ein sizilianisches Verließ werfen, aus dem sie erst wieder herausdarf, wenn sie unterschreibt, dass ich dich regelmäßig sehen darf. Und der Obergangster macht ihr sehr deutlich, dass schreckliche Dinge passieren, wenn sie sich nicht daran hält. Und diese Drohung sagt er mit so finsterer Miene, dass sie gehorcht.

„Ein befreundeter Psychoanalytiker sagte mir, ich müsse lernen loszulassen. So ein Idiot!"

Entschuldige, ich schweife ab. Wahrscheinlich ist daran meine Sehnsucht nach dir schuld. Viele meiner Freunde haben mir geraten, dem Vorschlag von Räuber Hotzenplotz zu folgen und um dich zu kämpfen. Sie verstehen nicht, dass ich nicht kann. Ein paar Mal hatte ich schon den Telefonhörer in der Hand, um ihn anzurufen. Aber dann sehe ich immerzu das Polizeiauto vor mir – und ahne, dass das keine Lösung sein kann. Das mit dem Kämpfen muss irgendwann einmal vorbei sein. Dir zuliebe, mir zuliebe, aber auch deiner Mutter zuliebe, der ich bei aller Verletztheit nichts Böses wünsche. Und doch möchte ich schreien, wenn ich begreife, dass ich an deinem Leben keinen Anteil mehr haben soll. Ein befreundeter Psychoanalytiker sagte mir, ich müsse lernen loszulassen. So ein Idiot! Wahrscheinlich hat er Recht, aber wie soll das denn gehen? Was wird aus der Zeit, die wir zusammen hatten?

Neulich habe ich beim Aufräumen hinter der Anrichte die lila Blüte gefunden, ja genau, die Blüte aus deinem Knopfloch. Sie ist einfach getrocknet und sieht noch fast genauso schön aus wie damals. Sie ist ein bisschen älter geworden, aber die Falten stehen ihr gut. Ich nehme an, dass du sie verloren hast, als du im Flur dein buntes Hemd möglichst schnell ausziehen wolltest, um noch das Sandmännchen zu sehen, bevor ich dich zurückbringe. Vielleicht ist sie auch erst später dorthin gekommen. Ich weiß es nicht. Ich habe sie in einen alten Bilderrahmen unter Glas gesteckt. Zu dem Bild, dass dich auf dem Klettergerüst zeigt. Das Bild, das ich im Sommer im Schwimmbad gemacht habe. Du hängst darauf kopfüber nach unten und winkst.

Manchmal stelle ich das Bild weg, weil ich den Anblick nicht ertrage. Es hat so viel von dir – und ich habe so wenig. Außerdem war deine Lust am Klettern einmal Anlass für einen Riesenstreit zwischen deiner Mutter und mir. Sie wollte dich immer vor allem bewahren. Ich wollte, dass du dich Herausforderungen stellst. Du warst von Anfang an ein Klettermax. Sobald du laufen konntest. Und wie oft hatte auch ich Angst um dich, wenn du in schwindelerregenden Höhen herumgeturnt bist.

Erstaunlich: Du wolltest immer ganz nach oben. Das kenne ich. Nur habe ich dabei die Bodenhaftung verloren. Nein, ich habe nicht zu viel gearbeitet, wie deine Mutter gerne behauptet. Ich war mit meinen Gedanken zu oft nicht bei ihr. Diesen

Vorwurf hätte sie mir zu Recht machen können. Aber sie redet ja nicht mehr mit mir.

Erst nach ihrem Anruf ist mir klar geworden, dass ihr irgendjemand gesagt haben muss, dass es seit kurzem eine neue Frau in meinem Leben gibt. Oder hast du deiner Mutter davon erzählt? Wie dem auch sei: Offensichtlich hat diese Information sie so sehr getroffen, dass sie meinte, sofort zurückschlagen zu müssen. Wie absurd. Ich habe dir gesagt, dass ich weiß, wie sehr ein Kampf um dich auch ein Kampf um meine eigenen Fragen und Zweifel wäre. Jetzt verstehst du sicher, dass es bei deiner Mutter genauso ist. Obwohl sie mich verlassen hat, gibt sie mir die Schuld an allem und versucht, sich wieder zu finden. Würde ich um dich kämpfen, dann ginge es nur ganz am Rand um dich. Vor allem fände eine erneute Schlacht zwischen deiner Mutter und mir statt. Und das hast du nicht verdient. Wenn ich, um dich zu sehen, deine Mutter besiegen muss, dann will ich das nicht. Schließlich lebst du bei ihr. Ich kann nur beten, dass wir beide, deine Mutter und ich, irgendwann so weit sind, dass wir tatsächlich über dich reden können.

> „Eines Tages möchte ich dich wiedersehen, eines Tages werde ich dich wiedersehen. Dieses Leben ohne dich, das kann nicht sein."

Kleiner Mann! Ich habe nur ein Stück deines Lebens mitbekommen. Das verblüffende Aufwachen eines neuen Wesens, das ganz langsam lernt, dass es ein Mensch ist. Ich habe mit dir gelernt und dabei gespürt, dass ich immer noch dabei bin, mich selbst zu entdecken. Deine Mutter hat mich aus der Verantwortung entlassen. Es ist ihr ein Gräuel, dass ich, der angebliche Zerstörer ihres Lebens, dir etwas mit auf den Weg geben sollte. Dabei möchte ich dir gerade jetzt so viel sagen.

Vielleicht sage ich dir nur eines. Das, was ich lange Jahre weder deiner Mutter noch mir selbst sagen konnte: Pass auf! Man kann in etwas hineinrutschen, das man später Liebe nennt. Ehe man sich versieht, werden aus Küssen Beziehungen, die besser Küsse geblieben wären. Manchmal scheint es so viel einfacher, „Ja“ zu sagen als „Nein“! Gerade dann, wenn man niemandem wehtun will. Man kann sich Liebe denken. So sehr, dass man irgendwann das Nachdenken über die Liebe mit der Liebe selbst verwechselt. Lass nicht zu, dass dir das eines Tages auch passiert. Der Preis für die vermeintliche Wohlanständigkeit ist zu hoch: Lügen sind wie ein Geschwür, das im Inneren wütet und erst Symptome hervorbringt, wenn es groß und mächtig wird.

Hier sitze ich mit meinen Fragen, und vor mir liegen all die Zeitabschnitte, die auf einmal nicht mehr zusammenpassen wollen: die Zeit mit deiner Mutter, die Zeit mit dir, die Zeit nach der Trennung und die neue Zeit, die auf mich wartet. Ich weiß nicht einmal, ob ich mir wünschen soll, dass es zwischen diesen Lebensphasen klare Trennlinien gibt oder nicht. Im Moment sehe ich sie jedenfalls noch nicht. Alles, was war, hinterlässt Narben.

Sechs Monate haben wir uns nicht mehr gesehen. Und ich schaudere, wenn ich an diese leere Zeit ohne dich denke. Ich weiß einfach nicht, was ich jetzt tun soll. Hast du eine Idee? Ich habe dir immer wieder Postkarten geschrieben und Geschenke geschickt. Aber das reicht mir nicht mehr. Ich will mit dir teilen, was mich bewegt und freut, ich will hören, wie du mit den Buchstaben kämpfst, die Zauberwelt der Zahlen eroberst und den Kindergarten in eine geheimnisvolle Oase verwandelst, in der es noch Tiger und Giraffen gibt. Ich verspreche dir: Ich werde dich niemals aufgeben.

Darum habe ich mich entschieden, dir von nun an Briefe zu schreiben. Dies hier ist mein erster. Du bist sicher noch zu klein, um sie zu begreifen – aber eines Tages wirst du sie neu lesen. Und vielleicht verstehst du dann. Eines Tages möchte ich dich wiedersehen, eines Tages werde ich dich wiedersehen. Dieses Leben ohne dich, das kann nicht sein.

Ich habe mir fest vorgenommen, deiner Mutter nichts Schlechtes zu unterstellen, aber ich werde meine Briefe vervielfältigen. Falls sie dir die Originale nicht gibt, bekommst du irgendwann einmal die Kopien. Spätestens dann, wenn du nach mir fragst. In Gedanken nehme ich dich ganz fest in die Arme.

Dein Vater

PS: Ich habe nachgeschaut und weiß jetzt, wie die Blumen mit den lila Kelchen heißen. Sie haben einen ganz komischen Namen – Herbstzeitlose. Sie blühen dann, wenn alle anderen Pflanzen sich schon auf den Winter vorbereiten. Zwischen September und November. Und eines muss ich dir unbedingt noch sagen: Ich habe dich lieb. Unsagbar lieb!

Fabian Vogt ist evangelischer Pfarrer, Künstler und Schriftsteller. Er lebt mit seiner Frau und seinen beiden Kindern in Oberstedten bei Frankfurt.

Winterseele – Frühlingsherz

„Bis dass der Tod euch scheidet" – einst war das auch Christina Bruderecks Traum. Als er zerbrach, zog der Winter in ihre Seele ein. Doch nicht für immer.

Von Christina Brudereck

Ich friere innerlich. Meine Seele hat Spätherbst. Die Kälte hat sich eingenistet und mich starr gemacht. Wer mich umarmen will, bekommt die kalte Schulter gezeigt. Ich weiß, ich wirke autark, arrogant, stark. Die Wahrheit ist: Ich bin zutiefst verunsichert, todtraurig über mich selbst, fühle mich innerlich wie vereist.

Weil du nicht da bist, sitze ich und schreibe
hier meine Einsamkeit auf dies Papier.
Ein Fliederzweig schlägt an die Fensterscheibe,
der Frühling ruft, doch nicht nach mir.
(„Weil du nicht da bist" von Mascha Kaléko)

Mascha Kaléko, eine meiner Lieblings-Lyrikerinnen, beschreibt es gut. Herbstwintergrau fühlt sich die Seele an. Ein ausgiebiger Winterschlaf wäre schön. Für ein paar Monate wenigstens einschlafen und nicht mehr aufstehen müssen. Nicht morgens in einem viel zu leeren Bett wach werden. Mich nicht aufraffen müssen, der Welt zu beweisen, dass es „schon geht", irgendwie weitergeht, dass ich überleben werde.

Eisige Kälte. Das beschreibt für mich das Erleben dieser Zeit. Ich friere viel. Hülle mich in dicke Wolle. Mein Weg war so glatt, jetzt bin ich ausgerutscht. Ich habe es nicht kommen sehen, bin überrascht, geschockt, irritiert. Die Hoffnung, dass mich Liebe und Zugewandtheit noch einmal zum Schmelzen bringt, ist nur bedrohlich. Bloß nicht! Ich schütze mich vor Nähe, ziehe mich zurück. Schmelzen? Ich habe Angst, dass nur eine Pfütze von mir überbleiben würde.

Und Gott? Ich suche das Weite (oder die Weite?), wenn man für mich beten will. Ich weiß, es ist gut gemeint, aber die Erklärungen und Deutungen, die Ratschläge, die in den Worten mitgeliefert werden, tun mir weh. Sie sind nicht wahr für mich, unstimmig, haben keine Trostkraft. Die Gnadenlosigkeit, die mich in vielen Mails erreicht, macht mich stumm. Wer mit mir schweigt, tut mir gut. Wer meine Sprachlosigkeit erträgt, ist willkommen. Es sind nicht viele.

„Da ist nur ein Ende, Endgültigkeit, brutale Vergänglichkeit, Sterblichkeit, Winter eben."

Ich bin einsam. Mein Leben lang bin ich gerne alleine gewesen, habe manches Mal um diese Erfahrung gekämpft, für mich sein zu dürfen. Jetzt fühle ich mich abgeschnitten. Offiziell geschieden, getrennt vom normalen Leben, vom Ideal, von meinem Lebenstraum. Da ist nur ein Ende, Endgültigkeit, brutale Vergänglichkeit, Sterblichkeit, Winter eben. Keine Spur von etwas anderem. Der Gedanke, dass Frühling wird, ist absurd. Gilt nicht für mich. Der Eiswind erwischt alles. Meine Arbeit, Beziehungen, Begegnungen. Ich werde kleinlich, überempfindlich, hart. Manchmal fühlt es sich an wie tot. Unlebendig. Müde, launisch.

Und Gott? Noch mal nachgefragt?

Gott spricht:
Siehe, ich will ein Neues schaffen.
Jetzt wächst es auf.
Erkennt ihr es denn nicht?
(Verheißung des Propheten Jesaja, Kapitel 43, Jahreslosung 2007)

Nein. Ich sehe es nicht. Nichts Neues. Nur Altes, das gegangen ist. Ich bleibe tapfer, aber ich bin nicht zugänglich. Ich bin noch im Vergangenen. Ich weiß, es braucht seine Zeit, zu verarbeiten, loszulassen. Ich nehme sie mir und komme mir damit langsam vor, schwerfällig. Ich fühle mich immer mehr unter Druck gesetzt, jetzt allmählich endlich wieder aufzutauchen. Es gut sein zu lassen. Aber kann man einer Pflanze sagen, sie solle schneller wachsen?

Wenn die Nacht zu einsam war
und deine Wege zu lang,
und du denkst,
dass Liebe nur für die Glückspilze und die Starken da ist,
denk daran, dass im Winter, verborgen unter dem Schnee,
der Spross liegt, der durch die Liebe der Sonne
im Frühling zur Rose wird.
(„The Rose" von Amanda Mc Broom, gesungen von Bette Midler)

Ich merke, wie ich zynisch werde, Sprüche mache über Männer, die „eh nicht zuhören, eh kein Versprechen halten, eh nicht kämpfen …" Ich werde unversöhnlich. Unerbittlich. Ich habe Angst, enttäuscht zu werden. Ich achte empfindlichst auf meine Würde. Wo sie verletzt wird, ziehe ich mich stolz und erbarmungslos zurück.

Und da mache ich eine Entdeckung: Man lässt mir mein Verhalten durchgehen. Diese Erkenntnis trifft mich. Man liefert mir tatsächlich Entschuldigungen für mein Benehmen. Ausreden, die nach Verständnis klingen. „Man kann sie ja verstehen", höre ich. Aber diese Gnädigkeit ist keine Gnade, sie ist billiges Billigen. Und da schlägt mein Herz auf einmal höher, vor lauter Trotz: Gibt es nicht echte Gnade, die wandelt? Neu macht? Kraft hat? Glauben wir nicht an Auferweckung?

Endlich regt sich Widerstand. Das fühlt sich zum ersten Mal nach Monaten wieder lebendig an. Es ist, als wachte ich auf. Ich will nicht immer zickiger werden, ich will nicht verbittern, ich will nicht so bleiben, wie ich mittlerweile geworden bin. Ich ahne: Das wird nicht leicht. Das wird dich Seelenarbeit kosten.

„Warum, mein Gott? Warum war ich nicht aufmerksamer? Warum habe ich die Hinweise verpasst? Warum hast du mich so allein gelassen?"

Ich fahre in ein Beginenhaus, meinen Single-Rückzugsort in Gent, verstecke mich in kleinen Nischen in großen Kirchen. Beichte, bete, suche nach Worten. Nicht nach Erklärungen, sondern nach Worten, die ich an Gott richten kann: Ich frage immer wieder: „Warum?" Warum, mein Gott? Warum war ich nicht aufmerksamer? Warum habe ich die Hinweise verpasst? Warum hast du mich so allein gelassen?" Manchmal sind die Fragen wirklich tief ehrlich. Dann wieder lache ich nur über meine Dramatik. Im nächsten Moment verbiete ich mir das Fragen, weil ich an die vielen denke, denen es in dieser Welt viel schlechter geht. Dann wieder lasse ich den Schmerz zu. Weinen kann ich immer noch nicht. Ich habe Angst, einmal angefangen, würde ich nie wieder aufhören können. Ich träume, ich schreibe stundenlang. Das tut gut. Eine Ausstellung in einer der Kathedralen von Gent zieht mich an. Und da finde ich mich plötzlich vor einem großen Plakat wieder, das mich fragt:

„Femme, pourquoi pleures-tu?"
„Frau, warum weinst du?"
(Oster-Erzählung nach Johannes, Kapitel 20, Vers 15)

Warum? Das frage diesmal nicht ich, sondern Gott fragt mich. Genauer: Der Auferweckte selbst fragt. Da kommen die Tränen. Ich weine hemmungslos. Die Schneeschmelze! Eine wahre Flut. Und es ist, als ob ich mit jedem Schluchzen weicher würde, wärmer, ganz langsam auftaue. Ich lasse es zu. Es ist, als würde ich Jesus erlauben, mich zu lieben. Als würde er mich zum Schmelzen bringen. Seine zarte direkte, wache Frage hat mich tief berührt und lockt mich weiter.

In dieser Zeit entsteht der Gedanke, Nonne zu werden, Schwester. Ich möchte nicht in einen Orden eintreten, denn ich lebe seit 12 Jahren in einer Hausgemeinschaft. Mein Mann ist hier ausgezogen, ich durfte bleiben. Ich überlege, ein Gelübde abzulegen und in meiner Hausgemeinschaft bewusst als Single zu leben. Meine Arbeit führt mich in dieser Zeit oft in Klöster. Ich studiere die Texte der Mystikerinnen. Ich besuche Orte mitten in der Welt und gleichzeitig außerhalb der Welt. Ich spreche viel mit anderen Suchenden, Pilgernden. Was wird hier vermutet, erahnt, erhofft? Was ahnen wir bei den Besitzlosen, den Machtlosen, den Ehelosen? Bei denen, die sich bewusst dafür entschieden haben, das aufzugeben, was diese Welt doch ausmacht – an Reichtum, Ehre und Glück?

> „Kein Mensch sollte nur für sich leben, sondern alle sind wir verbunden, leben in Beziehungen, angewiesen, schenkend und empfangend."

Die Besitzlosen erinnern mich daran, dass Geld ein Leben nicht erfüllen wird. Es kann dir Sicherheit geben, Freiheit verleihen, Vergnügen ermöglichen, aber wahrer Friede ist etwas vollkommen anderes. Die Machtlosen erinnern mich daran, dass Einfluss uns sehr zufrieden stimmen kann, Kontrolle, Wissen und einen Namen zu haben, aber das alles ist begrenzt, kann so schnell unbedeutend werden, und Frieden für die Seele finden wir hier nicht. Und die Ehelosen erinnern mich daran, dass die Erfahrungen von Sexualität, Ehe, eine Familie zu gründen und Kinder zu haben, uns zwar überaus reich beschenken können, unsere Sehnsucht aber so unendlich groß ist, dass sie hier doch nicht gestillt werden kann. Ich entdecke: Unendlich groß ist die Sehnsucht – und wird eben deshalb auch nur mit Unendlichkeit gestillt. Eine bedeutende Entdeckung für mich.

Hier finde ich mich wieder. Etwas wird heil. Mein Vertrauen wächst. Etwas Neues blüht auf, tatsächlich. Ich muss mich nicht mit billiger Gnädigkeit zufriedengeben, und auch die Gnadenlosigkeit hat nicht das letzte Wort. Ich ahne, es gibt Gnade. Sie findet ihren Weg zu meiner Seele. Ich möchte lernen, mir zu verzeihen. Ich möchte an die Liebe glauben. An Gottesliebe, Nächstenliebe so wie Selbstliebe und an Entfeindungsliebe. Ich möchte an die Gütekraft glauben. Das bedeutet auch, wieder pazifistisch zu werden. Aufzuhören, anzugreifen, zu verteidigen. Nicht mehr Feinde zu sehen, sondern Menschen. Wie vermutet, ist das echte Arbeit, aber irgendwann machen mir die Seelen-Übungen sogar Spaß. Ich merke, Jesus lockt mich ans Licht.

Meine Vertrauten, Freundinnen und Freunde kommen mir wieder näher. Sie sagen mir aber auch, dass ich ihrer Meinung nach nicht fürs Alleinleben geschaffen sei. Und ich meine, niemand ist das. Kein Mensch sollte nur für sich leben, sondern alle sind wir verbunden, leben in Beziehungen, angewiesen, schenkend und empfangend. Ich bin nicht alleine, ich teile.

„Nicht nur unsere Energie und Stärken und Gaben helfen unserem Aufblühen, auch das Dunkel hilft uns zum Reifen."

Mein Heute ist ein Frühling. Zaghaft, noch etwas schüchtern, wagt die Blume es, ans Licht zu kommen. Wie ein Schneeglöckchen neben der größeren Osterglocke, einem Zeichen für den Auferweckten, den Maria wohl nicht zufällig für einen Gärtner hielt. Jesus hat mich so gehegt, dass ich wieder aus mir herausgehen kann. Dabei habe ich gelernt: Nicht nur Licht und Sonne helfen dem Wachstum, auch die Tiefe der Erde trägt ihren Teil dazu bei. Nicht nur unsere Energie und Stärken und Gaben helfen unserem Aufblühen, auch das Dunkel hilft uns zum Reifen. Christus ist nie bloß über uns hinweggegangen, sondern hat sich tief in unser Leben eingegraben, und genau diese Nähe ist heilsam. Und seine Auferweckungsenergie schafft Neues.

Christina Brudereck, Jahrgang 1969, verbindet Theologie und Lyrik, Spiritualität, Kultur und Politik. Spricht und reimt, reist und schreibt. Initiiert immer wieder Projekte für religiös Kreative. Sie liebt das Ruhrgebiet, lebt hier in einer Kommunität und engagiert sich im Gemeinde-Kultur-Projekt, dem CVJM „e/motion".

Nicht das Ende der Liebe

2005 haben Anne und Nikolaus Schneider ihre lebensfrohe Tochter Meike durch Leukämie verloren. Sie ist nur 22 Jahre alt geworden. In ihrem Beitrag berichtet das Ehepaar über den Umgang mit der Trauer, ihren Schmerz und ihren Glauben, der sie in dieser Zeit herausgefordert und zugleich getragen hat.

Von Anne und Nikolaus Schneider

Unser Kind ist am 3. Februar 2005 gestorben, Meike, unsere dritte und jüngste Tochter.

Sie liebte das Leben auf dieser so schönen und manchmal auch so schrecklichen Erde. Sie wollte ihr Leben tanzen und ein Licht Gottes sein und dabei „steinalt“ werden.

Meike war 22 Jahre jung, als sie und als wir den Kampf um ihr irdisches Leben verloren haben.

Wir können und wollen es einfach nicht verstehen – damals nicht und auch heute noch nicht –, dass Gottes Walten das durchkreuzt hat.

Immer wieder neu denken wir:

Was für eine Verschwendung, was für ein Verlust – nicht nur für uns!

Auch vor Meikes Krankheit und Sterben haben wir in unserem theologischen Denken und Reden ein **von Gott gesegnetes Leben** nicht mit einem **leidfreien und unbeschwerten Leben** identifiziert. Und wir haben Gottes Gegenwart und Liebe nicht abgelesen oder festgemacht an erhörten und erfüllten Gebetswünschen. Aber dass ein Lebensweg voller Hoffnungen, Wünsche und Möglichkeiten schon mit 22 Jahren so abgebrochen wurde, das geht für unser Fühlen und Glauben nicht zusammen mit Gottes Menschenfreundlichkeit und Lebensmacht.

Unser Kind ist gestorben, und unser Leben ist dadurch ein Stück weit aus den Fugen geraten. Unser Glauben und Hoffen hat Risse bekommen und Narben zurückbehalten. Gottes Weg mit Meike und darin mit uns bleibt uns rätselhaft und erschreckend befremdlich. Wir waren und wir sind zum Vertrauen in Gottes Lebensmacht und Menschenliebe bereit. Deshalb bleibt die Frage in uns und an Gott:

Warum hast DU, Gott, nicht geholfen, als Meike und wir Dich so inständig um Heilung gebeten haben? DU hättest es doch gekonnt, davon waren und davon sind wir überzeugt.

„Ja, wir haben Meikes Tod als Trennung und Abschied auf dieser Erde akzeptiert, aber nicht als ein Ende unserer Liebe zu ihr."

Auch heute noch, mehr als sechs Jahre nach Meikes Tod, quälen diese Erfahrungen, diese enttäuschten Hoffnungen und unerfüllten Gebete, unsere Herzen. Unsere Seelen sind und bleiben verletzt. Und unser theologisches Denken verweigert sich ganz konsequent allen dogmatisch-abstrakten Antworten auf die existenzielle Frage, warum und wie ein liebender und zugleich allmächtiger Gott das Leiden von Menschen zulassen kann.

Wir vermissen unser Kind – auch heute.

Wir vermissen Meikes körperliche Nähe, ihr Lachen, ihr Streiten und unsere gegenseitige Zärtlichkeit.

Wir mussten ihren Tod akzeptieren.

Wir haben akzeptiert, dass Meike nicht mehr mit uns auf dieser Erde lebt,

dass wir nicht mehr erleben, wie Meikes Leben sich weiterentwickelt und gestaltet. Dass wir nicht mehr mit ihr zusammen all die Freuden und all die Ärgernisse dieser Welt erleben und erleiden.

Ja, wir haben Meikes Tod als Trennung und Abschied auf dieser Erde akzeptiert, aber nicht als ein Ende unserer Liebe zu ihr.

Und deshalb wollen und können wir unsere geliebte Tochter nicht vollständig loslassen, auch nicht jetzt, sieben Jahre „danach“.

Wir wollen und können Meike nicht „Stück für Stück“ vergessen oder aus unserem Leben verdrängen.

Wir leben ganz bewusst mit einer schmerzhaften „Lücke“, mit unserer Liebe zu ihr und mit unserer Trauer über ihren Tod. Und haben dabei in den letzten Jahren gespürt und erfahren: Auch mit dieser Lücke und mit unserer Trauer können wir weiter und neu an Gottes Menschennähe glauben, auf Gott hoffen und Gott und ganz viele Menschen lieben. Wir können an vielen Tagen das Leben feiern und fröhlich sein. Wir können weiter und neu Zeugnis geben von Gottes Menschennähe und Menschenliebe – gerade auch angesichts der schweren und dunklen Zeiten unseres Lebens und gerade auch angesichts unserer offenen Fragen an Gottes Walten.

Nach der Erfahrung unserer letzten Jahre brauchen das Leben und das Glauben mit dem Tod eines geliebten Menschen die Vergegenwärtigung von Erinnerungen. Das Erinnern kann eine verzweifelte Traurigkeit in eine *wehmütige* Traurigkeit verwandeln. Oder besser: In eine *trauernde Wehmut*, in der zwar noch manches Weh, aber doch auch schon ein Stück neuer Lebensmut stecken.

Unsere Erinnerungen an intensive Meike-Erfahrungen tun uns auch heute noch weh und machen uns auch heute noch manchmal weinen – eben weil uns dabei der Schmerz des Verlustes wieder neu bewusst und gegenwärtig wird. Indem wir uns auf unsere Meike-Erinnerungen einlassen, spüren wir dabei aber zugleich ganz intensiv, wie sich das unsichtbare Band un-

„Unsere Erinnerungen an intensive Meike-Erfahrungen tun uns auch heute noch weh und machen uns auch heute noch manchmal weinen.“

serer Meike-Beziehung festigt, unser Leben bereichert und uns neu ermutigt, den Tod nicht aus unserem Leben zu verdrängen.

Noch heute gehören ganz viele Meike-Erinnerungsstücke zu unserem Alltagsleben:

Wir hören weiter ihre Lieblings-CDs – mit Vorliebe die, die auch unserem Musikgeschmack entgegenkommen, Lieder von Herbert Grönemeyer zum Beispiel. Wir schmökern in ihren Lieblingsbüchern, vor allem ihre vielen Gedichtbände sind uns ans Herz gewachsen. Ihre Lieblingskuscheltiere dekorieren weiterhin unsere Wohnung und kriegen inzwischen auch von unseren Enkelkindern viele Streicheleinheiten. Vor einem unserer Lieblingsfotos von Meike zünden wir oft eine Kerze an, um sie und uns zu vergewissern: Stärker als der Tod ist die Liebe!

Meike hat viel und gern geschrieben, für sich selbst und für andere. Und sie hat uns ganz viele Tagebücher hinterlassen. Die Tagebücher aus den beiden letzten Jahren ihres Lebens, also aus der Zeit ihrer Leukämieerkrankung, hat sie uns ganz ausdrücklich zum Lesen anvertraut und – in Auszügen – auch zur Veröffentlichung bestimmt (Meike Schneider, Ich will mein Leben tanzen, Aussaat Verlag). Diese Tagebücher sind für uns ein ganz großer Erinnerungsschatz. Sie erinnern uns beim Lesen immer wieder neu daran, dass die Zeit mit Meike während ihrer Krankheit und ihres Sterbens auch ein unerwartetes Gottesgeschenk für uns war. Wir haben in diesen Monaten eine ganz neue Beziehung zu Meike gewinnen dürfen, eine Beziehung auf Augenhöhe, das heißt zu Meike als einer jungen Frau, die unserem Fühlen, Denken und Reden – insbesondere auch dem theologischen – neue Impulse gab.

Meikes Tagebücher rufen uns immer wieder neu in unser Gedächtnis, dass wir selten so intensiv gelebt, geliebt, gehofft und geglaubt haben wie in den zwei Jahren von Meikes Krankheit und Sterben. Dass unsere Gottesbeziehung und unsere Menschenbeziehungen sich in diesen Jahren gleichsam verdichtet haben. Dass diese Zeit uns Gottes Gegenwart ganz konkret erfahren ließ, in Meikes vertrauensvoller Liebe zu Gott und zum Leben, zu ganz vielen Menschen und zu uns, ihren Eltern.

Als für Meike die schwerste Zeit ihres Lebens begann, am 27. Dezember 2004, als sie die Nachricht erhielt, dass auch die Knochenmarktransplantation ihre Leukämie nicht besiegt hatte, da haben Meike und ich (Anne Schneider) ein gemeinsames Tagebuch im Wechsel zu schreiben begonnen.

„Der Schmerz über die enttäuschte Hoffnung auf Heilung saß uns wie ein Kloß im Hals und schnürte uns gleichsam die Kehle zu."

Der Schmerz über die enttäuschte Hoffnung auf Heilung und die angstvolle Ahnung, alle weiteren medizinischen Therapien würden vergeblich sein, saßen uns wie ein Kloß im Hals und schnürten uns gleichsam die Kehle zu. Wir konnten nicht reden über unsere Gefühle und Gedanken, ohne in Tränen zu versinken, und wollten doch miteinander im Gespräch bleiben, wollten Ängste und Ahnungen miteinander teilen. Deshalb begannen wir uns zu schreiben.

Wir haben es damals als „Not-wendend" empfunden, unsere Verlustängste und Glaubensanfechtungen nicht voreinander verbergen zu müssen. Wir konnten uns damals gerade durch das Eingeständnis unserer Schwäche gegenseitig stärken.

Und heute stärken Meikes „Worte von damals" als Erinnerungsschatz unsere Kraft, mit der Lücke und der Trauer zu leben, etwa wenn wir lesen:

„Besonders die Zeiten mit Mama sind mir wichtig. Wir haben eine Nähe erreicht, die vielleicht nicht normal, aber unglaublich schön ist. Auch Papas Anwesenheit genieße ich sehr. Er ist und bleibt ein ruhender Fels, an den ich mich lehnen kann ..."

In der Zeit von Meikes Sterben und in den Jahren nach Meikes Tod haben wir aber auch gemerkt, dass das Erinnern und die Vergegenwärtigung von „alten Zeiten“ nicht ausreichen, um über den Verlusterfahrungen das Hoffen nicht zu verlernen. Wir brauchten und brauchen – um unserer Hoffnung willen – die biblischen Verheißungen von der Auferstehung der Toten und von Gottes neuem Himmel und Gottes neuer Erde.

Für uns gilt – jetzt eben auch ganz existenziell – das Bekenntnis des Apostel Paulus aus dem 1. Korintherbrief:

„Hoffen wir allein in diesem Leben auf Christus, so sind wir die elendesten unter allen Menschen. Nun aber ist Christus auferstanden von den Toten …“ (1. Kor 15,19f).

An Jesus Christus hat Gott es für uns Menschen verdeutlicht, dass der Tod, der Zerfall und die Vernichtung menschlichen Lebens nicht das letzte Wort haben – das war schon vor Meikes Krankheit und Sterben unsere theologische Überzeugung. Jetzt aber fragen wir verstärkt auch danach, was dieser Glaube an die Auferstehung unserer geliebten Toten ganz konkret für uns bedeutet. Diesen Glauben und diese Hoffnung in verständliche und gültige Worte zu fassen, war und ist und bleibt schwer. Das zeigen uns schon die biblischen Texte, in denen von der „Auferstehung der Toten“ die Rede ist. Und das merken jetzt auch wir, wenn wir anderen Menschen unsere Auferstehungshoffnung beschreiben wollen.

„Stärker als der Tod ist die Liebe!“

Wir glauben und hoffen, dass wir Menschen nach unserem Tod neu geschaffen werden, in Kontinuität zu unserer persönlichen Identität und gleichzeitig in radikalem Bruch mit den Begrenztheiten unserer gegenwärtigen irdischen Existenz.

Deshalb glauben und sagen wir in paradoxer Weise:
Unsere Toten sind nicht tot.
Meike ist nicht tot.
Meike lebt in Gottes Ewigkeit.

Die Gemeinschaft zwischen Meike und uns ist nicht endgültig zerstört.

Wir erhoffen und erwarten ein Wiedersehen.

Und so, wie wir schon „hier und jetzt“ auf unserer Erdenwelt und in unserem Erdenleben mit dem Reich Gottes verbunden sind, so bleiben wir auch „hier und jetzt“ schon und noch mit Meike verbunden.

So wie wir schon „hier und jetzt“ das Gottesreich in gesegneten Augenblicken fühlen und schmecken können, so spüren und fühlen wir in gesegneten Augenblicken Meikes Gemeinschaft mit uns fast unmittelbar.

„Stark wie der Tod ist die Liebe. Unüberwindlich wie unsere Gräber und das Totenreich ist die Leidenschaft.“ (Hohelied 8, 6b)

Wir mögen diesen Vers des Hohenliedes. Das Hohelied singt uns hier von menschlicher Liebe, die nicht leichtfüßig und oberflächlich dahinplätschert. Ihm geht es um eine Liebe, die unser Leben mit Sinn erfüllt, auch und gerade unter Tränen. Der Preis für eine solche Liebe ist der Verlust von Dickhäutigkeit, Unverwundbarkeit und Unverletzlichkeit.

Wir haben ihn gern gezahlt, diesen Preis, vor Meikes Krankheit und Sterben.

Und auch jetzt, in den Jahren „danach“. Aber wir haben in diesen letzten Jahren auch die beglückende Erfahrung gemacht: **Stärker als der Tod ist die Liebe!**

Der Tod eines von uns geliebten Menschen kann unsere Liebe zu ihm nicht auslöschen.

Nicht nur Gottes Liebe, nein, auch unsere menschliche Liebe vermag in der Hoffnung auf das neue Leben im Reich Gottes den Tod, das Grab und das Totenreich zu überwinden.

Unser Lieben verlangt nach Ewigkeit und schenkt uns – nicht immer, aber immer wieder einmal; nicht ohne Anfechtung und Zweifel und auch manchmal noch unter Tränen – einen Vorgeschmack der Ewigkeit.

Und dieser Vorgeschmack der Ewigkeit lässt uns hoffnungsvoll und zuversichtlich leben mit allen Verlusterfahrungen, und eben auch mit dem Tod unserer Tochter Meike.

Nikolaus Schneider ist Ratsvorsitzender der Evangelischen Kirche in Deutschland, *seine Frau Anne* ist pensionierte Mathematik- und Religionslehrerin. Gemeinsam haben sie drei Töchter, von denen die jüngste, Meike, 2005 an Leukämie starb.

Etwas, das nicht ersetzt werden kann

Mit dreizehn Jahren hat Frank Bonkowski seine Mutter verloren. In seinem Beitrag geht er den Spuren nach, die dieser Verlust bis heute in seinem Leben hinterlassen hat.

Von Frank Bonkowski

Meine Mutter starb an einem Dienstag, am 30. Mai 1978, als ich gerade 13 Jahre war. In dem Moment, in dem mein Vater mir und meinem jüngeren Bruder davon erzählte, nahm ich mir vor, mich nie wieder zu freuen. In meiner Gefühlswelt spielten sich lange Zeit danach eindrückliche Szenen ab: Zunächst einmal waren da Schuldgefühle. Nur drei Tage vorher hatte mich mein Vater gefragt, ob ich mit ihm und meinem kleinen Bruder Holger die Mama im Lübecker Krankenhaus besuchen wollte. Diese Besuche bei ihr, die ich wohl nie vergessen werde, waren immer schön und unglaublich schwer zugleich. Bei unserem letzten Besuch war es meiner Mutter sehr schlecht gegangen, und aus Angst vor der Trauer, die so eine Begegnung immer mit sich brachte, hatte ich mich entschieden, an diesem Wochenende zu Hause zu bleiben.

Mein Vater hatte später erzählt, wie gut es Mama an diesem Nachmittag gegangen sei, und nun, drei Tage später, fühlte ich mich schuldig, weil ich meine letzte Chance verpasst hatte, mich noch einmal von ihr in den Arm nehmen zu lassen und ihr zu sagen, wie lieb ich sie habe. Kann man das noch irgendwie über Gebet mitteilen?

Dann waren da die Hassgefühle. Der Hausarzt meiner Mutter hatte ihre Leukämie nicht erkannt und ihre Schmerzen auf die Nerven geschoben. Später soll er sie, wohl aus Eitelkeit, dann nicht an einen Spezialisten überwiesen haben, und als sie endlich den Arzt wechselte, kam bereits jede Hilfe zu spät. Während des knappen Jahres ihrer Krankheit, das sie größtenteils im Krankenhaus verbrachte, hatte ich darüber nie nachgedacht, aber jetzt malte ich mir immer wieder aus, wie das wäre, wenn ich dem Arzt das Haus anzünden würde.

Dann waren da die vielen Erinnerungen, die sich wie ein Film immer wieder vor meinem inneren Auge abspulten, und die mir irgendwie halfen, das, was da mit mir passierte, aufzuarbeiten: die Szene etwa, als Mama mir, nach einem Streit mit meinem drei Jahre jüngeren Bruder um das größere Frühstücksei, selbiges aus Frustration an den Kopf geschmissen hatte. Das Ganze war so unerwartet gekommen, dass wir uns alle drei kaputtlachten und der Streit vergessen war.

Dann war da die peinliche Szene, als ich beim Abschied aus dem Krankenhaus schluchzend in die Arme meiner Mutter kroch, weil ich sie in diesem Moment einfach für mich ganz allein brauchte. Als dann plötzlich die Finger meines kleinen Bruders in meinem Gesicht auftauchten, um zu checken, ob der große Bruder weint, da habe ich tatsächlich zugebissen – obwohl ich das später natürlich nie zugegeben habe. Es war in dem Moment so schlimm, dass sich da irgendetwas zwischen mein Gesicht und meine Mama schob. Und am Ende heulten wir dann irgendwie alle.

„Ich trug einige Zeit lang fast nur schwarz, was die Erwachsenen in meinem Umfeld aus irgendeinem Grund sehr zu beeindrucken schien. Sogar meine Lehrer ließen mich eine Zeit lang in Ruhe."

Dann war da die Szene, als in unserer Kinderstunde, die vorher meine Mutter geleitet hatte, eine Kassette mit einer Botschaft gespielt wurde, auf der sie sich vom Krankenbett aus von allen verabschiedete, für uns sang und uns daran erinnerte, wie lieb Jesus uns hat. Ich wusste noch, wie peinlich mir dieser Moment gewesen war, alle mich anstarrten und ich nur dachte:

„Jetzt singt sie auch noch a-cappella aus dem Krankenbett ihr Lieblingslied vor!"

Dann der Moment, als ich allein mit ihr am Krankenhausbett saß und meine Mutter mir ihre Kiste mit all dem kreativen Kinderstundenmaterial übergab, weil sie das Gefühl hatte, dass Arbeit mit Kindern in meinem Leben noch sehr wichtig werden würde.

Jede dieser Szenen sollte später in bestimmten Lebensabschnitten noch eine wichtige Rolle für mich spielen.

Wie geht ein 13-jähriger Junge mit all diesen Gefühlen, der Trauer, dem Verlust, den Geschichten um?

> „Ich hatte schon gedacht, du hättest deine Mama gar nicht lieb gehabt, weil du nie geweint hast."

Zum Glück war ich zu feige, das Haus des Doktors anzuzünden!

Bei der Beerdigung lösten die höflichen Beileidsbekundungen der Freunde und Verwandten eine Mischung aus Trauer, Scham und Wut aus, und irgendwann nahm ich meinen kleinen Bruder, dem es wohl ähnlich ging, und wir versteckten uns hinter einem Baum. Leider wurden wir entdeckt – und die ganze Prozedur ging dann weiter!

Meine Absicht, nie wieder zu lachen, war ein paar Tage später vergessen, genauer gesagt, am 6. Juni, 1978, als Deutschland bei der WM in Argentinien Mexiko mit 6:0 abfertigte. Meine plötzliche Freude darüber erschrak mich fast.

Ich war damals schon jemand, der seinen Schmerz mit sich allein verarbeitet. Ich verhielt mich ruhig. In den nächsten Wochen begann ich mir sogar in der Rolle zu gefallen, dass ich derjenige in der Familie war, der scheinbar am besten mit der Situation klarkam. Ich trug einige Zeit lang fast nur schwarz, was die Erwachsenen in meinem Umfeld aus irgendeinem Grund sehr zu beeindrucken schien. Sogar meine Lehrer ließen mich eine Zeit lang in Ruhe.

Schlimm für mich waren die allabendlichen Familienandachten, die wir nur in dem Jahr nach dem Tod meiner Mutter veranstalteten. Diese Andachten arteten eigentlich immer in eine Heul-Session meines Vaters und meines kleinen Bruders aus, mit der ich als Ich-verarbeite-meinen-Schmerz-selbst-Teenager überhaupt nichts anfangen konnte. Das Resultat war, dass ich mich immer mehr in mich selbst zurückzog.

Ich kann mich noch gut erinnern, wie ich nach fast einem Jahr bei so einer Gelegenheit dann doch einmal schluchzend zusammenbrach. Die Reaktion meines Vaters war fast überschwänglich freudig. „Ich hatte schon gedacht, du hättest deine Mama gar nicht lieb gehabt, weil du nie geweint hast. Jetzt weiß ich endlich, dass es anders ist!“ Diese Reaktion hat mir noch jahrelang wehgetan, aber heute, als Vater von Kindern, die auch dazu neigen, Dinge mit sich selber auszumachen, kann ich sie etwas besser nachvollziehen!

> „Gibt es eigentlich einen Bibelvers, der darauf hinweist, dass deine Mutter vom Himmel aus mitbekommt, wenn ihr Teenager-Sohn unten auf dem blauen Planeten irgendwelche Sünden begeht?“

Wie funktioniert man als Teenager ohne Mama? Eine praktische Hilfe war, dass wir zunächst einmal Glück hatten, dass wir vom Amt eine ältere Dame als Haushaltshilfe bewilligt bekamen. Sie und ihr Mann wurden so etwas wie Onkel und Tante für uns, weil sie sich weit über die bezahlte Leistung hinaus um uns kümmerten, außerdem super kochen konnten, nachts schon mal bei uns übernachteten und überhaupt einfach nur gut zu uns waren.

Auch geholfen hat, dass wir damals Teil einer Freikirche waren, und die Kirche war wie eine zweite Familie für mich. Es war also ständig jemand da, der sich um den Haushalt und um uns als Familie gekümmert hat. Manchmal wurde mir das sogar ein bisschen zu viel.

Schon ein halbes Jahr nach dem Tod meiner Mutter bekam mein Vater zu hören: „Du brauchst eine Mutter für deine Kinder!" Man achte auf die Betonung! Nicht etwa: „Du brauchst eine Frau!", sondern: „Die Kinder brauchen eine Mutter."

Also kamen bald ledige Frauen aus verschiedenen anderen Freikirchen zu Besuch, von denen sich mein Vater eine aussuchen sollte! Das Resultat war, dass wir ein Jahr später wieder eine (vollständige) Familie waren. Wahrscheinlich viel zu früh, wahrscheinlich wäre es klüger gewesen, sich wesentlich länger Zeit zu nehmen, das Geschehene zu verarbeiten – aber da war dieser sanfte Gemeindedruck, dem mein Vater sich gebeugt hat.

Ach ja, als es die eingekehrte „Normalität" mit sich brachte, dass mich die Lehrer irgendwann nicht mehr in Ruhe ließen, merkte ich, dass ich inzwischen so viel Stoff verpasst hatte, dass ich in der zehnten Klasse die Schule wechseln musste. Gibt es eigentlich einen Bibelvers, der darauf hinweist, dass deine Mutter vom Himmel aus mitbekommt, wenn ihr Teenager-Sohn unten auf dem blauen Planeten irgendwelche Sünden begeht? Die Antwort ist zum Glück: „Nein!" Aber der Gedanke hat mich damals echt beunruhigt!

Kommen wir nun zur „Warum lässt Gott das zu?"-Frage. Die kam natürlich immer wieder. Sie ist nicht besonders hilfreich und bringt einen auch nicht viel weiter, aber wenn man als Teenager an seinem Glaubensgerüst baut, dann konnte sie bei der ganzen Geschichte kaum fehlen.

Hier die Top 5 meiner damaligen Erklärungsversuche:

- Der *aus „Schei... wird Gold"-Erklärungsversuch*

  Durch die neue Ehe meines Vaters habe ich drei weitere Geschwister geschenkt bekommen. Alle drei sind eine absolute Freude, die ich nie in meinem Leben missen möchte. Ohne den Tod meiner Mutter hätte ich die drei nie in meinem Leben gehabt! War das der Grund?

- Der *„Ich bin dadurch früher gereift!"*-Erklärungsversuch
  Bestimmt, aber darauf hätte ich gerne verzichtet!
- Der *„Besser die beste Mutter der Welt für 13 Jahre als eine, die sich nicht um dich kümmert für viele Jahre"*-Erklärungsversuch
  Ist schon was dran, aber die beste Mutter für viele Jahre wäre definitiv die angenehmere Lösung gewesen!
- Der *„Jetzt kannst du anderen Leuten, die auch leiden, besser helfen, weil du sie besser verstehen kannst"*-Erklärungsversuch
  Stimmt, aber wäre eine Welt nicht schöner, in der kein Kind seine Mutter verliert?
- Der *„Das Leben hier unten ist nur ein Test"*-Erklärungsversuch
  Ab und zu wurde damals in der Gemeinde die alte „Mit welchem Charakter der Bibel kannst du dich am besten identifizieren"-Aktion gebracht. Als Teenager hab ich dann immer *Hiob* gesagt. Das musste ich dann nie wirklich erklären, aber ich wurde in der Regel voller Mitgefühl und Verständnis von ein paar gut aussehenden Mädchen angeguckt.

> „Auch jetzt, wo meine Frau und ich selber drei Kinder haben, hätte ich meine Mutter, die so gut mit Kindern konnte, die so kreativ mit ihnen spielte, manchmal gerne um Rat gefragt."

Im Prinzip will ich nur sagen, dass ich bis heute keine Ahnung habe, warum solche Dinge, die nicht passieren sollten, passieren. Obwohl ich inzwischen einen super Vortrag zum Thema halten könnte.

Nach Jahren im Ausland wohne ich zurzeit wieder in dem Ort, an dem das Ganze damals passiert ist. Das Grab meiner Mutter liegt auf meinem Fahrradweg in die Stadt. Früher habe ich dort jedes Mal angehalten, um mich an Christa (so hieß meine Mutter nämlich) zu erinnern. Irgendwann wurde es weniger, und heute ist es eher selten, dass ich dort stehen bleibe.

Aber auch wenn das Leben irgendwann normal weitergeht und man nicht mehr viel an diesen Verlust denkt – ganz abschließen werde ich mit dem Thema wohl nie. Das merke ich zum Beispiel genau in diesem Moment, während ich meine Gedanken in den Laptop tippe und immer wieder aufhören muss, weil es immer noch, selbst 30 Jahre später, wehtut. Ich habe den Verlust wohl nie richtig aufgearbeitet und weiß auch nicht, ob das überhaupt jemals möglich sein wird.

Ich kann mich noch gut an die Nacht vor meiner Hochzeit erinnern. Ich bin eigentlich eher ein Kopfmensch, und da lag ich auf dem Bett, schaute auf den *Okanagan Lake* in *British Columbia* und hätte mich eigentlich auf den schönsten Tag meines Lebens freuen sollen. Doch dann fing ich an, wie ein kleines Kind zu weinen, weil ich als erwachsener Mann meine Mama vermisste, die ich an diesem Tag so gerne bei mir gehabt hätte und so unglaublich vermisste.

> „Das Loch im Herzen bleibt, und so ganz will und kann das auch Jesus nicht ausfüllen – jedenfalls jetzt noch nicht!"

Auch jetzt, wo meine Frau und ich selber drei Kinder haben, hätte ich meine Mutter, die so gut mit Kindern konnte, die so kreativ mit ihnen spielte, manchmal gerne um Rat gefragt. Vielleicht wäre ich mit ihr ein besserer Vater und Ehemann? Auf jeden Fall hätte ich sie so gerne meiner Frau und unseren Kindern vorgestellt. Als Christ glaube ich, dass ich irgendwann die Gelegenheit dazu bekommen werde. Klar gibt das Hoffnung, aber ich hätte es gerne schon früher getan.

Wie gesagt: Das Leben ist inzwischen wieder ganz normal. Manchmal ist es jahrelang so, als wäre sie nur Teil meiner Vergangenheit. Aber dann sind da immer wieder diese besonderen Momente, und du spürst, dass dir etwas ganz Wichtiges fehlt, etwas, das nicht ersetzt werden kann.

Ein Gedanke noch zum Schluss: Wir haben eine gute Freundin, die vor vielen Jahren ganz plötzlich ihren Ehemann verloren hat. Ganz viele Freunde, so wie wir, haben ihr durch diese Zeit geholfen. Aber irgendwann, viele Jahre später, als unsere Freundin immer noch trauerte, kam so ganz leise der Satz: „Jetzt reiß dich doch mal zusammen! Irgendwann muss man zur Normalität übergehen!" Da ist sicher was dran. Trotzdem (und das von mir, einem ganz praktischen Kopfmenschen): Das Loch im Herzen bleibt, und so ganz will und kann das auch Jesus nicht ausfüllen – jedenfalls jetzt noch nicht!

Es bleibt die Hoffnung auf ein Wiedersehen, und das kann ich mir schon richtig gut vorstellen. Auch wenn ich jetzt schon älter bin als meine Mutter damals, als ihr Herz aufhörte zu schlagen. Aber wie genau das sein wird – um solche Nebensächlichkeiten darf sich Gott gerne kümmern. Auf jeden Fall werde ich heute auf dem Weg in die Stadt kurz vom Fahrrad steigen und an ihrem Grab halten, und wenn es Gott für richtig hält und das da oben so funktioniert, kann er ihr sagen, dass ich sie noch immer vermisse. Und dass es ein paar Menschen gibt in meinem Leben, die sie unbedingt kennenlernen sollte.

Frank Bonkowski ist verheiratet und hat drei Kinder. Die Familie lebt in Bad Segeberg, wo Bonkowski als Pastor, Referent und Buchautor tätig ist. Mehr unter: www.untenwieoben.de

Kinder, Kinder …
Wenn Wünsche unerfüllt bleiben

Kinder spielen in der Lebensplanung vieler Ehepaare eine wichtige Rolle – wenn nicht die wichtigste überhaupt. Auch Elke und Roland Werner wollten nach ihrer Heirat eine Familie gründen. Doch nach ihrer Krankheit kann Elke keine Kinder mehr bekommen. In ihrem Beitrag berichtet sie von der Lücke, die der unerfüllte Wunsch hinterlassen hat – und wie es ihr gelingt, sie zu füllen!

Von Elke Werner

Als Jugendliche hatte ich zwei alternative Pläne für mein Leben: heiraten und viele Kinder bekommen oder Kinderdorfmutter werden. Bei beiden Möglichkeiten spielten Kinder eine große Rolle. Doch alles kam anders: Ich habe geheiratet und … bekam keine Kinder. Und dennoch führe ich ein glückliches und zufriedenes Leben. Das hätte ich mir in meinen Träumen als Jugendliche gar nicht vorstellen können. Doch fangen wir am Anfang an.

Ich fand Kinder schon immer klasse. Mit meiner Konfirmation begann meine ehrenamtliche Mitarbeit in der örtlichen Kirchengemeinde: Ich wurde Kindergottesdiensthelferin und kümmerte mich mit meinen vierzehn Jahren um etwa zwanzig Kinder in der sogenannten „Lämmergruppe", also der Altersgruppe der Vier- bis Siebenjährigen. Ich war voll in meinem Element.

Durch einen Mitarbeiter in der Gemeinde wurde ich in einen Jugendkreis eingeladen. Dort lernte ich Roland, meinen späteren Mann, kennen. Er war sechzehn, ich siebzehn Jahre alt. Doch erst einmal gingen wir getrennte Wege, weil er für ein Jahr in die USA zum Schüleraustausch flog. Ich wurde in der

Zeit ganz bewusst Christin und entschied mich damit für ein Leben mit Gott. Und engagierte mich in unserem Jugendkreis.

Es waren die Siebzigerjahre, eine Erweckungszeit im ganzen Land, in der viele Jugendliche Christen wurden. Wir wollten Jesus nachfolgen, mit allen ethischen und moralischen Konsequenzen. Während unsere Altersgenossen sich in Kommunen mit freiem Sex beschäftigten, verteilten wir Traktate vor dem Beate-Uhse-Shop. Durch unseren Jugendkreis entstand zunächst eine, dann sogar drei Jungscharen in einem benachbarten Stadtteil, für die ich mit meinen siebzehn Jahren zuständig war. Und sonntags leitete ich in meiner lokalen reformierten Kirchengemeinde in Duisburg-Meiderich den gesamten Kindergottesdienst mit all seinen Untergruppen. Dann wurde ich in Duisburg als erste Frau in den Vorstand des CVJM berufen und kümmerte mich ehrenamtlich um die Jungscharen des CVJM in der Stadt. Kinder waren mein Traum. Und Lehrer zu sein mein Traumberuf. Deshalb studierte ich dann Theologie und Kunst für das Lehramt.

> „Die schmerzlichste Erfahrung für mich ist es nicht, keine eigenen Kinder zu haben, sondern dass mir von Müttern unterstellt wird, ich würde keine Kinder mögen."

Warum schreibe ich am Anfang dieses Beitrags so viel von meinem Engagement für Kinder? Weil die schmerzlichste Erfahrung für mich gar nicht die ist, keine eigenen Kinder zu haben, sondern die, dass mir oft von Müttern unterstellt wird, ich würde keine Kinder mögen, mich nicht für Kinder einsetzen, sie nicht wertschätzen. Als Frau ohne Kind wird einem schon mal vorgehalten, man hätte aus Karrieregründen keine gewollt oder hätte ein grundlegendes Problem mit Kindern.

Als wir in Marburg den Christus-Treff (eine ökumenische Gemeinde) gründeten, waren die meisten von uns jung verheiratet. Als dann mehr und mehr Nachwuchs geboren wurde, habe mich nicht in der Kinderarbeit engagiert, vielleicht, weil ich unbewusst meinen Schmerz, keine Kinder zu haben, auf diese Weise lindern wollte. Und es gab im Christus-Treff auch immer sehr engagierte Mütter, die sich in diesem Bereich eingesetzt haben. Es schien natürlicher zu sein, dass sie das Kinderprogramm machen, zumal sie ja auch den ganz alltäglichen Kontakt zu den Kleinen hatten. Auch mein berufliches Engagement für Kinder fiel aus, weil ich nach meinem Referendariat keine Stelle in der Schule bekam. Wie alle anderen Mitabsolventen auch. Es gab keine Stellen mehr für neue Lehrer, und ich musste mich beruflich umorientieren.

> „Meinem Mann hatte der behandelnde Arzt gesagt, dass ich vielleicht noch drei Monate leben würde, vielleicht auch ein halbes Jahr."

Wir heirateten nach meinem Referendariat und engagierten uns voll und ganz im gerade entstehenden Christus-Treff. Als Ehepaar war für uns immer klar: Wir wollen beide gerne Kinder haben. Doch dann gab es Komplikationen. Ich hatte schon gleich am Anfang unserer Ehe eine Zyste an einem Eierstock, die operativ entfernt werden musste. Mit ihr ein Teil des Eierstocks. Erst durfte ich einige Zeit nicht schwanger werden. Danach hatte ich eine Fehlgeburt, noch ganz am Anfang der Schwangerschaft. Für mich damals noch kein Grund zur Besorgnis, denn wir hatten ja noch viele Jahre vor uns, in denen ich hätte schwanger werden können.

Doch dann kam 1988 überraschend die Krebserkrankung in mein Leben. Morbus Hodgkin, Lymphdrüsenkrebs, damals im 3. Stadium im Übergang zum 4. Stadium, dem letzten dieser Krankheit. Es war schon fast zu spät, als die Diagnose endlich gestellt wurde. Als Therapie erhielt ich ein Jahr lang Chemotherapie. Man muss dazu sagen, dass es vor über 20 Jahren noch nicht so gute Möglichkeiten der Therapie gab wie heute. Meinem Mann hatte der behandelnde Arzt gesagt, dass ich vielleicht noch drei Monate leben würde, vielleicht auch ein halbes Jahr. Dass es nun schon so viele Jahre sind, die ich fröhlich weiterlebe, hätten wir nicht zu hoffen gewagt. Doch ich bin ganz geheilt worden und konnte mit der Chemotherapie mein Leben noch einmal neu beginnen.

„Ob jemand glücklich ist, hängt davon ab, ob er oder sie mit dem Leben zufrieden sein kann, wie es ist."

Bei einer solch heftigen Therapie waren die Chancen, danach noch einmal schwanger zu werden, sehr gering. Außerdem wussten wir ja gar nicht, wie lange ich noch leben würde. In den ersten Jahren nach der Erkrankung konnte keiner sagen, ob der Krebs besiegt war oder ob er wieder ausbrechen würde. Und ob ich eine mögliche Schwangerschaft überhaupt überstehen würde in meinem geschwächten Zustand. So blieb es beim Hoffen und Warten.

Etwa zwei Jahre nach der Erkrankung erkundigten wir uns, ob wir ein Kind adoptieren könnten. Doch die Chancen, in unserem Alter noch ein Kind zu bekommen, waren gering. Wir beteten und überlegten sehr viel, ob es unser Weg sein sollte, ein Pflegekind aufzunehmen. Doch bei einer solchen Krankengeschichte und der Unsicherheit erschien es uns fast unfair, ein Kind aus einem Heim zu holen, um es dann vielleicht schon kurz darauf ohne Adoptivmutter aufwachsen zu lassen. Wir kamen zu dem Schluss, dass es nicht unser Weg zu sein schien, Kinder zu bekommen und aufzuziehen. Dabei war uns wichtig, unser Vertrauen auf Gott zu behalten, der uns in Jeremia 29, 11 zugesagt hat, dass er gute Gedanken über unser Leben hat. Gedanken des Friedens und nicht des Leidens. Dieses Bibelwort nahmen wir für uns ganz persönlich im Glauben an und vertrauten darauf.

Gott hat uns ein sehr reiches und gutes Leben geschenkt. Zunächst einmal bin ich dankbar, dass ich noch lebe. Und dass wir nach mehr als achtundzwanzig Jahren Ehe noch zusammen sind und einander von Herzen lieben. Alle Zeiten, die guten und die schweren, haben Roland und mich noch mehr zusammengeschweißt. Ich bin sehr dankbar für mein Leben, auch ohne Kinder. Ich habe festgestellt: Kinder machen nicht an sich schon glücklicher, denn alle Freude, die sie bringen, erfordert auch ihren Preis an Sorgen und Einsatz seitens der Eltern. Ob jemand glücklich ist, hängt davon ab, ob er oder sie mit dem Leben zufrieden sein kann, wie es ist. Ich habe aufgehört, mich und mein Leben mit dem von anderen zu vergleichen. Das hilft.

Das Thema Kinder begleitet mich mein ganzes Leben lang. Erst bekommen viele Freunde und Menschen um einen herum Nachwuchs. An den mitleidigen Blick und die mehr oder weniger offen ausgesprochenen dummen Sprüche „Wann ist es denn bei euch soweit?“ „Wollt ihr nicht oder könnt ihr nicht“, muss man sich gewöhnen. Freunde verwandeln sich in Eltern und kennen oft nur noch ein Thema: ihre Kinder. Und es ist ein wichtiges Thema. Ich habe mich früh schon entschieden, die Sorgen meiner Freunde ernst zu nehmen, auch wenn ich nicht mitreden konnte.

> „Wenn Jesus gewollt hätte, dass ich Kinder habe, dann hätte ich sie bekommen. Egal, welche Krankheit mein Leben befallen hat.“

Das Thema bewegt Eltern in jeder Phase der Entwicklung. Es ist ein wichtiger Teil ihres Lebens, so wie andere Ereignisse und Menschen mein Leben prägen. Für Eltern sind die Themen um ihre Kinder zentral. Egal, wie alt sie sind. Das muss man akzeptieren und wertschätzen, auch wenn man keine Kinder hat. Es geht immer darum: wie sie sich entwickeln, welche Probleme sie in der Schule haben, welchen Stress die Pubertät darstellt, welchen Lebenspartner sie sich aussuchen, und dann kommen die Enkelkinder. Nie kann man so richtig mitreden. Es ist eine Welt, die einem verschlossen bleibt.

Doch eines kann man tun: Man kann nicht nur Freund der Eltern bleiben, man kann auch Freund der Kinder werden. Ihnen zuhören, ihnen ein Gesprächspartner sein. In der Pubertät kommt oft eine Zeit, in der die Kinder den Eindruck haben, dass ihre Eltern besonders schwierig sind. Da kann man als Erwachsener Gesprächspartner sein und manchmal auch zwischen den Generationen vermitteln.

Doch eines bleibt: Immer wieder wird man daran erinnert, dass man anders lebt. Dass man in den Augen vieler etwas verpasst hat. Man begegnet Mitleid und sogar Unverständnis, wenn man sagt, dass man eigentlich ganz zufrieden mit dem Leben ist.

Mir haben einige Entscheidungen und Weichenstellungen hier sehr geholfen. Ich habe sie nicht aus einem Buch oder einer Anleitung. Sie stammen aus meiner eigenen Erfahrung, sie sind mit meinen eigenen charakterlichen Gegebenheiten durchsetzt und vielleicht nicht für alle Menschen nachvollziehbar. Aber sie haben mir geholfen, diesen Weg fröhlich zu gehen und nicht bitter zu werden.

Es gibt mehr als meine Träume

Als ich Christ wurde, habe ich mein Leben Jesus gegeben. Das heißt, dass er über mein Leben Herr ist. Und wenn er gewollt hätte, dass ich Kinder habe, dann hätte ich sie bekommen. Egal, welche Krankheit mein Leben befallen hat. Die Tatsache, dass ich keine Kinder habe, bedeutet im Umkehrschluss, dass Gott etwas anderes mit mir vorhatte. Meine jugendlichen Träume von einem perfekten Leben mit Kindern waren ohnehin zu kurz gedacht. Gott hatte etwas ganz anderes mit mir vor. Dass Roland und ich keine Eltern geworden sind, hat uns auch freigesetzt. Wir konnten uns in der Gemeinde engagieren, die Welt bereisen, viele Menschen begleiten und prägen.

Gott weiß, was er tut

Ich habe gelernt, Gott zu vertrauen. Wenn er keine Kinder in meinem Leben vorsieht, dann will ich ihm vertrauen, dass mir auch das zu meinem Besten dienen muss. Das zu glauben und daran festzuhalten ist eine Entscheidung mit dem Verstand. Aber das Herz kommt nach, und mittlerweile weiß ich, dass es gut ist, wie Gott uns geführt hat.

Alles hat seine Last und seine Freude

So oft ich auch gelitten habe unter der Kinderlosigkeit, so oft war ich auch dankbar, dass mir so manche Erfahrung erspart blieb. Ich habe bei Freunden und Familie gesehen, wie anstrengend es ist, Kinder zu erziehen. Wie viele Probleme und Sorgen es mit sich bringt. Die Schmerzen, Kinder zu haben, sind sicher genauso groß wie die, keine zu haben. Auch wenn es ganz andere Schmerzen sind. Im Laufe des Lebens merkt man erst, dass beides, Kinder und Kinderlosigkeit, Herausforderungen sind, geistlich zu wachsen und Gott zu vertrauen. Und beides hat seine schönen und beglückenden Seiten. Zweifellos. Die romantische Vorstellung von der glücklichen kleinen Familie ohne Probleme ist eine Illusion. Und auch der Traum vom unabhängigen Leben einer kinderlosen Frau ist unrealistisch. Freude und Leid begleiten uns, egal ob mit oder ohne Kind.

„Wenn man am Heiligen Abend keine Kinder mit glänzenden Augen unter dem Baum sitzen hat, kann man viele andere Menschen einladen, die sich freuen, gemeinsam Weihnachten zu feiern."

Die Freude über Kinder bleibt

Ganz am Anfang meiner Ehe habe ich mich dazu entschieden, mich über jedes Kind zu freuen, das geboren wird. Und es weder den Eltern zu neiden noch in Selbstmitleid zu verfallen, wenn mir jemand freudig mitteilt, dass sie schwanger ist. Das kann man entscheiden. Ich habe oft darum gerungen, besonders wenn ich wusste, dass dieses Kind gar nicht „geplant“ oder „gewollt“ war. Aber ich habe mich über jedes Kind gefreut. Und das von Herzen, denn ich weiß, dass jedes Kind ein Geschenk Gottes ist. Nicht nur an die Eltern, sondern an alle Menschen.

Kinder lieben und achten

Für mich als Kinderlose ist es wichtig, den ganz natürlichen Umgang mit Kindern zu suchen und zu pflegen. Ich habe das große Glück, in unserer Lebensgemeinschaft mit vielen von ihnen zu tun zu haben. Ihre Entwicklung zu begleiten, für sie zu beten, für sie da zu sein und mit ihnen ausgelassen zu spielen. Jetzt sind die meisten schon erwachsen und wir begegnen uns auf einer anderen Ebene.

Eltern lieben und mittragen

Auch das Ernstnehmen von Eltern ist wichtig. Sie in ihren Problemen und Sorgen zu begleiten, sich die Nöte mit den Kindern anzuhören und diese ernst zu nehmen, ja sogar mitzuleiden, wenn die Kinder Probleme haben und diese den Eltern zusetzen, all das hat mir sehr geholfen.

Die Freiräume gut gestalten

Ohne Kinder hat man viel mehr zeitliche Freiräume. Die wollen gestaltet sein. In ihnen hat man Zeit für Menschen, die Zuwendung und Hilfe brauchen. Wenn man am Heiligen Abend keine Kinder mit glänzenden Augen unter dem Baum sitzen hat, kann man viele andere Menschen einladen, die sich freuen, gemeinsam Weihnachten zu feiern. Bei uns ist es Tradition, dass wir ein offenes Haus mit vielen Gästen haben, darunter auch ausländische Studenten, die gerne mal in einem deutschen Haushalt Weihnachten erleben möchten.

Das Selbstmitleid bekämpfen

Der größte Feind des Glücks ist das Selbstmitleid. Das habe ich schon früh in meinem Leben erkannt. Wann immer es sich bei mir ankündigt, stelle ich mich ihm entgegen. Ich darf vertrauen, dass mein Vater im Himmel für mich sorgt. Und dass er mir das gibt, was gut für mich ist. Daran halte ich mich fest.

Den Partner stützen

Ich bin sehr dankbar, dass wir beide gut mit der Kinderlosigkeit leben können. Der Schmerz ist sicher da, sowohl bei Roland als auch bei mir. Aber jeder von uns geht anders damit um. Es gibt keine gegenseitigen Vorwürfe. Keine Anklagen und Vorhaltungen. Wir stützen uns gegenseitig.

Sich für Kinder einsetzen

Sich einsetzen kann man auch, wenn man keine eigenen Kinder hat. Wir haben beide mehrere Patenkinder, bei deren Segnung wir beteiligt waren und für die wir beten. Und zu denen wir auch den Kontakt pflegen. Außerdem bin ich bei World Vision, einem internationalen christlichen Kinderhilfswerk im Präsidium aktiv, weil ich Kindern in dieser Welt helfen will, ein besseres Leben zu führen. Ich kann in das Leben von Kindern investieren, die ohne diese Hilfe kaum Perspektiven hätten für ihr Leben. Auch wenn ich sie nie in den Arm schließen werde, kann ich ihnen viel Gutes tun.

„Niemand hat mir einen Fahrplan für die Reise ohne Kinder in die Hand gedrückt. Es ist ein Weg, der jeden Tag neu gegangen werden muss."

Brücke sein

Wir stellen immer wieder fest, dass wir als kinderloses Paar zwischen den Familien und den Singles gut vermitteln können. In unserer Gemeinde gibt es viele Familien, auch viele Singles und einige kinderlose Paare. Somit ist nicht ein Lebensmodell hochstilisiert als einzig von Gott gesegnetes. Alle sollen wissen und spüren, dass ihr Leben so in Ordnung ist. Und dass Gott es segnet.

Niemand hat mir einen Fahrplan für die Reise ohne Kinder in die Hand gedrückt. Es ist ein Weg, der jeden Tag neu gegangen werden muss. Manchmal sind es Wochen, in denen ich darüber gar nicht nachdenke. Manchmal häufen sich Gedanken an Kinder, und die Trauer kehrt ein wenig zurück. Doch das sind nur Augenblicke. Dann sehe ich wieder das Gute in meinem Leben. Alsbald kehrt die Freude zurück, dass Gott mich so geführt hat, wie er mich geführt hat. Ich bin dankbar und voller Erwartung für die Zukunft.

Elke Werner, studierte Kunst- und Religionspädagogin, hat gemeinsam mit ihrem Mann Roland den Christus-Treff in Marburg gegründet, den sie seit April 2011 gesamtverantwortlich leitet. Sie ist als Autorin und Referentin unterwegs und engagiert sich u.a. im Präsidium des Hilfswerks World Vision.

„Ich höre immer noch die Worte der Richterin in meinen Ohren“

Trotz seiner Behauptung, unschuldig zu sein, wird Dave (Name vom Verlag geändert) im Alter von 32 Jahren von einem amerikanischen Gericht zum Tode verurteilt. Von einer Sekunde auf die andere hat er alles verloren, was menschliches Dasein scheinbar ausmacht: sein fast abbezahltes Haus, seinen Beruf, den Kontakt zu Freunden und Familie – einfach alles. Seitdem sind mehr als 20 Jahre vergangen, und noch immer wartet er auf seine Hinrichtung. Trotzdem ist er an der Situation nicht zerbrochen. In der langen Haftzeit entdeckte er vieles, was ihm kein Gericht der Welt nehmen kann: Seine Würde. Seinen Glauben. Und die Entscheidungsfreiheit, was für ein Mensch er sein will.

Mein Name ist Dave.

Ich bin 52 Jahre alt. Ich lebe seit 21 Jahren im Amerikanischen Todestrakt und warte dort auf meine Exekution. Ich möchte gerne davon erzählen, wie mich diese Erfahrung geprägt, umgestaltet und – in gewisser Weise sogar – mein Leben gerettet hat. Ich kann nicht versprechen, dass ich für das, was ich hier schreibe, einen Nobelpreis bekommen werde. Aber was ich schreibe, ist wahr.

„Ich war ausersehen, ein Versager zu sein.“

Schon früh wurde mir beigebracht, dass es auf mich ankäme, wenn ich in dieser Welt überleben und es zu etwas bringen wollte – auf mich allein. In meiner Kindheit bestimmte der Alkohol das tägliche Leben meiner Eltern. Sie misshandelten einander emotional und physisch und machten auch vor ihren neun Kinder nicht halt, die sie allesamt ungeplant in die Welt gesetzt hatten.

Meine Mutter bläute mir schon sehr früh ein, dass ich nur ein Fehler sei und aus mir nie etwas Besseres werden würde als mein Vater: ein Alkoholiker, ein Versager, ein Frauenaufreißer. Während meiner gesamten Kindheit wurde mir das von ihr eingetrichtert. Warum also sollte ich auch nur versuchen, irgendetwas Gutes mit meinem Leben anzustellen? Ich war ausersehen, ein Versager zu sein. Schließlich war es meine eigene Mutter, die mich davon überzeugt hatte. Wem kann man als Kind denn sonst glauben, wenn nicht der eigenen Mutter?

Und so fiel es mir damals sehr schwer, in der Schule gute Leistungen zu bringen, Freunde zu finden und normale Beziehungen zu den Menschen um mich herum aufzubauen. Ich war eigentlich immer wütend und permanent in Schlägereien verwickelt, um so meine jüngeren Geschwister, und auch mich selbst, gegen Peiniger und Gegner zu schützen. Als ich etwa sieben Jahre alt war, begriffen meine Eltern endlich, dass sie nicht in der Lage waren, neun Kinder großzuziehen. Sie entschieden, das Problem auf ihre eigene Art zu lösen: Meine Mutter ging fort und nahm meine zwei Schwestern und einen meiner Brüder mit sich. Meine ältesten Brüder gingen zu Freunden, und mein Vater ging allein in die Kneipe – meine drei jüngsten Brüder und ich waren plötzlich uns selbst überlassen. Irgendwann fanden uns die Nachbarn, und wir landeten in wechselnden Pflegefamilien.

> „Ich höre immer noch die Worte der Richterin in meinen Ohren."

Als Kind wurde mir erzählt, Gott würde diejenigen strafen, die lügen, stehlen oder bösartige Dinge tun – aber alle Kinder tun das, wenn sie jung sind. Ich lachte nur darüber. Und wenn es tatsächlich einen Gott gäbe, würde er wirklich den Missbrauch und die Armut zulassen, die ich als Kind durchleben musste? Nein, das konnte ich nicht glauben. Da war kein „Gott" oder wie auch immer man das nennen mag, keine erlösende Gnade, keine höhere Macht, die mir über Schwierigkeiten hinweghelfen könnte; für mich war jeder Mensch auf sich selbst angewiesen.

Ich dachte nach all diesen Erlebnissen wirklich, ich wüsste bereits, was Verlust bedeutet. Ich war überzeugt, mit all den Verletzungen umgehen und von nichts mehr überrascht werden zu können. Aber nichts, was ich als Kind ertragen habe, konnte mich auf das vorbereiten, was ich in dem Moment durchstehen musste, als ich in den Todestrakt kam. Im einen Moment war ich frei, schlief in meinem eigenen Bett, in meinem eigenen Zuhause – und plötzlich bin ich im Gefängnis. Ich höre immer noch die Worte der Richterin in meinen Ohren klingen, die mich verurteilten: „Dieses Gericht weiß, dass Sie ein Kind Gottes sind, dennoch sind Sie für schuldig befunden und zum Tode durch den elektrischen Stuhl verurteilt." Sie sagte beides in einem Satz! Da war dieses Gott-Wort wieder. Ich fragte mich, wie dieser Gott es bloß zulassen konnte, dass jemand, den er behauptet zu lieben, in seinem Namen zum Tode verurteilt wird?

So schlimm es für mich war, diese Worte zu hören, hat es mich doch am meisten getroffen, dass in diesem Gerichtssaal nicht eine einzige Person anwesend war, die mich unterstützt hätte. Nicht ein Familienmitglied, nicht ein einziger Freund. Ich hatte gedacht, ich hätte viele Freunde und mir über die Jahre (Dave war bei der Urteilsverkündung bereits über 30 Jahre alt, Anm. des Verlags) ein gutes soziales Umfeld aufgebaut: Ich hatte ein eigenes Haus, das fast abbezahlt war, meinen eigenen Betrieb, zwei Fahrzeuge und viele Menschen, die regelmäßig bei mir zu Gast waren. Aber sobald ich ihnen nicht mehr von Nutzen war, galt das alles nichts mehr. Das hat mich am meisten getroffen, und anschließend gingen mir die Worte meiner Mutter wieder und wieder durch den Kopf: „Du wirst es nie zu etwas bringen!" Jetzt glaubte ich ihr mehr denn je. Jetzt wusste ich, dass ich wirklich absolut allein war in dieser Welt, zu der ich nicht länger gehörte. Alles von mir wurde gelöscht, weggeworfen. Sogar ich selbst! Jetzt, da ich zum Tode verurteilt war, wurde ich nicht mal mehr als menschliches Wesen erachtet, sondern als wildes Tier, das auf seinen Niedergang wartet. Alles im Namen Gottes.

In den ersten acht Jahren im Todestrakt fiel es mir sehr schwer, mich anzupassen. Ich hatte von einem Moment auf den anderen alle materiellen und persönlichen Besitztümer verloren, sogar meine Kleider am Leib. Meine Lese- und Schreibfähigkeit war auf dem Stand eines Elfjährigen, was es mir zusätzlich schwer machte, mit der Welt da draußen zu kommunizieren. Hier drinnen kam ich mit niemandem klar. Ich war so zornig, tat mir die ganze Zeit nur selber leid und schnappte wie ein gequältes Tier nach jedem, der versucht hat, mir nahezukommen. Ich habe einige Jahre in verschärfter Isolationshaft verbringen müssen wegen Schlägereien mit anderen Insassen oder Zusammenstößen mit Gefängnisaufsehern. Das war die Art zu überleben, die ich als Kind gelernt hatte: „Schlag zurück! Zeig niemals eine Schwäche! Keiner schert sich um dich." Warum also sollte ich mich abmühen und mich selbst ernst nehmen? Solange ich den Schmerz fühlen konnte, wusste ich wenigstens, dass ich noch am Leben war.

„Solange ich den Schmerz fühlen konnte, wusste ich wenigstens, dass ich noch am Leben war."

Aber nach vielen Monaten in Einzelarrest erwachte etwas in mir. Eine Einsicht begann, Form an- und schließlich Kontrolle zu übernehmen. Ich erkannte, dass ich die ersten acht Jahre im Todestrakt nur damit verbracht hatte, nach Gründen zum Sterben zu suchen, und dass das meiste (wenn nicht alles), was ich in dieser Zeit an Schmerz, Elend und Leiden erlebt hatte, selbst zugefügt war. Ich hatte meinen Frust und mein Selbstmitleid meinen Verstand diktieren lassen, und ich litt, weil ich nicht wusste, wie ich loslassen und diesem selbstzerstörerischen Teil meiner Existenz erlauben konnte, zu sterben. Wollte ich davon aber jemals frei werden, musste ich mich nach meinem tiefsten Inneren ausstrecken und die Person finden, die wirklich leben wollte. Es lag an mir, etwas zu verändern.

Mir ist klar: Wir alle haben Geliebtes verloren, oft auf tragische Weise. Wir haben es durchlitten und irgendwann Gründe gefunden, mit unserem Leben weiterzumachen. Aber wenn du deine physische Freiheit verlierst, deine Würde, das Recht, deine eigenen Entscheidungen zu treffen, zu arbeiten, du selbst zu sein, und wenn alles, was dich ausmacht, plötzlich einfach fort ist – das ist ein Verlust, von dem man sich nur sehr schwer erholt. Ich kann keine Worte dafür finden, wie es sich anfühlt, wenn einem absolut keine Kontrolle mehr über irgendeinen Bereich des eigenen Lebens gegeben ist, nicht einmal über das Sterben. Dann gibt es nur noch zwei Möglichkeiten: Entweder gibst du auf und wartest, bis es vorbei ist, oder, und das ist die schwerere Entscheidung, du findest einen Grund, weiterzuleben. Der erste Schritt zum Leben bedeutet, dir einzugestehen, dass du bezüglich deiner physischen Existenz, dem Zeitpunkt deines Todes, schlicht machtlos bist. Das Einzige, was bleibt, ist, dich auf dich selbst zu konzentrieren. Wenn man das einmal realisiert hat, beginnt man zu verstehen, dass in einem selbst sehr viel Freiheit und Frieden zu finden ist.

> „Entweder gibst du auf und wartest, bis es vorbei ist, oder du findest einen Grund, weiterzuleben."

Aber das allein reicht nicht. Ich wusste, dass ich zum Überleben auch Hilfe von der Welt da draußen brauchen würde. Und diese kam – auf eine absolut unerwartete Weise und von einem weit entfernten Ort. Eines Tages (in meinem neunten Jahr im Todestrakt) bekam ich eine Geburtstagskarte von jemandem, den ich nicht kannte. Es war ein irisches Ehepaar, das in Bosnien und im Kosovo viel Zeit und Energie aufgebracht hat, um Essen, Kleidung und Medikamente an Bedürftige auszugeben. Eines Tages gab ihr Pastor einen Korb mit Namen von Personen herum, die irgendwo auf dieser Welt im Todestrakt einsaßen. Das Ehepaar zog meinen Namen, und ihr erster Kontakt zu mir war die Geburtstagskarte. Ungefähr zur selben Zeit brachte ich mir übrigens erst selbst das Lesen und Schreiben bei – was sich als immense Herausforderung für mich darstellte, schließlich wollte ich niemandem gegenüber zugeben, dass ich eine Schwäche hatte. Also verbrachte ich viele Nächte damit, jede Seite meines Wörterbuches zu lesen, um so zu lernen, wie man richtig buchstabiert und schreibt.

> „Es war also an der Zeit, alles loszulassen: meinen Schmerz, meinen Groll, mein Selbstmitleid, meine Hoffnungslosigkeit."

Von meinen irischen Freunden lernte ich, dass Gott wirklich existiert, dass es immer Hoffnung gibt, egal welche Kämpfe wir gerade kämpfen, dass es immer einen Grund gibt, am Leben zu bleiben. Dass da immer jemand ist, der noch viel mehr leidet als man selbst, und auch jemand, der von meinen Erfahrungen profitieren und lernen kann. Dieses Wissen half mir. Es war also an der Zeit, absolut alles loszulassen: meinen Schmerz, meinen Groll, mein Selbstmitleid, meine Hoffnungslosigkeit, meine Wünsche, meine Auffassung, dass ich angesichts meiner physischen Gefangenschaft in jeder Hinsicht machtlos bin, und die Entscheidung meiner Familie, sich in meiner schwersten Stunde von mir abzuwenden. All diese Dinge brachten mich nur innerlich um. Ich musste aufhören, diese vergiftete Luft einzuatmen und damit beginnen, zuzugeben, dass ich nicht mehr länger auf dem Fahrersitz saß.

Bis zu dem Zeitpunkt, an dem ich diese Entscheidung traf, war mir gar nicht aufgefallen, dass ich auch während der Zeit der äußeren Freiheit in Wahrheit nicht innerlich frei gewesen bin – weil ich damals nicht gewusst hatte, wie und wer ich bin. Ich hatte aus dem Blick verloren, wer ich ursprünglich sein wollte, bevor mir meine Unschuld genommen worden war. Und so glaube ich mittlerweile, dass es viele Arten von Gefängnissen gibt – auch Menschen da draußen leben in ihnen, die ganze Zeit. Ich musste erst alles verlieren und jegliche Kontrolle abgeben, bevor ich einen Weg finden konnte, weiterzuleben. Bevor ich erkannte, wer ich wirklich bin.

Ich bin nie die Person geworden, die mein Vater war. Ich bin auch nicht mehr der zornige, aufgebrachte und sich selbst verabscheuende Mann, der ich lange gewesen bin. Aber ich bin auch nie die Person geworden, die ich mit meinem Potenzial hätte sein können. Die Wahrheit liegt irgendwo dazwischen. Ich habe gelernt zu akzeptieren, dass das Leben so viel mehr ist, als frei zu sein, durch die Straßen zu ziehen und zu tun, was jeder andere tut.

Die wirkliche Herausforderung scheint vielmehr darin zu bestehen, unüberwindbare Widrigkeiten, die in jedem Leben vorkommen, anzunehmen. Zuzugeben, dass wir nur Menschen sind, und trotzdem zu entdecken, dass wir viel stärker sind, als wir es in unserem alltäglichen Leben oft bemerken. Und dass Gott sich nicht einfach nur zurücklehnt und uns beim Leiden zuschaut, sondern dass er mit uns leidet, dass er uns trägt, wenn wir nicht mehr länger aus eigener Kraft heraus vorangehen können. Das habe ich gelernt, als ich auf den tiefsten Grund meines Daseins aufschlug, als es keinen anderen Ort gab, an den ich gehen konnte. Dazu ein Bibelvers (2. Kor. 12, 9-10):

> „Ich will einfach weiterleben."

„Und er hat zu mir gesagt: Lass dir an meiner Gnade genügen; denn meine Kraft ist in den Schwachen mächtig. Darum will ich mich am allerliebsten rühmen meiner Schwachheit, damit die Kraft Christi bei mir

wohne. Darum bin ich guten Mutes in Schwachheit, in Misshandlungen, in Nöten, in Verfolgungen und Ängsten um Christi willen; denn wenn ich schwach bin, so bin ich stark.“

Niemand kann mir nehmen, was Gott mir gegeben hat. Und so seltsam das auch klingen mag, ich glaube wirklich nicht, dass ich das entdeckt hätte, wenn ich nicht hierhergekommen wäre.

Ich bin mir nicht sicher, ob meine Worte hier verständlich sind und Sinn machen. Im Todestrakt zu leben ist bis heute ein alltäglicher, permanenter Kampf, den man nicht alleine aushalten kann. Ich war einst einer von denen, die sich selbst damit gequält haben, ob ich der Nächste bin, ich war einer von denen, die sterben wollten, weil ich so Angst davor hatte, in einer Welt zu leben, in der eh´ jeder wollte, dass ich tot bin. Und so musste ich diese Angst loslassen. Das bedeutet nicht, dass ich die Hoffnung oder das Kämpfen aufgegeben hätte, aber es bedeutet, dass ich schon jetzt alles in Frieden angenommen habe, was ab heute passieren wird. Dass ich nicht länger ein Navigator bin, sondern ein Passagier, der auf seinen Haltepunkt wartet.

Es ist eine Erleichterung, dass ich mich nicht mehr krank sorge darüber, was mit mir werden wird. Ich habe meine Prioritäten neu geordnet und konzentriere mich auf meinen inneren Frieden und meine Freiheit. Ich will einfach weiterleben.

Dave lebt seit mehr als zwanzig Jahren in den USA in einem Todestrakt.

„Aber was ist, wenn sie Dave dann doch töten?“

Die 23-jährige Studentin Elisabeth lernt Dave durch eine Organisation kennen, die Kontakte mit Todeskandidaten vermittelt. Seit mehr als zwei Jahren unterhalten sie eine rege Brieffreundschaft. Als Elisabeth die Gelegenheit bekommt, Dave in der Todeszelle zu besuchen, kommt es zu einem außergewöhnlichen Aufeinandertreffen.

Mein Name ist Elisabeth.

Ich bin 23 Jahre alt, lebe seit gut drei Jahren in Heidelberg und studiere dort Religionswissenschaft und Theologie. Ich kenne Dave seit etwa zweieinhalb Jahren; wir sind Brieffreunde. Als ich damals von der Möglichkeit hörte, einem zum Tode verurteilten Häftling zu schreiben, habe ich nicht lange gezögert. Mit „lifespark“ fand ich eine seriöse Organisation, die es sich zur Aufgabe gemacht hat, entsprechende Kontakte zu vermitteln, und bald schrieb ich den ersten Brief an einen mir völlig unbekannten „Dave“. Motiviert hat mich dabei wohl schlicht der Wunsch, dass jemand in dieser Situation wissen sollte, dass er ernst genommen und gesehen wird – als Mensch und als die Persönlichkeit, die er jetzt ist. Ich wollte erfahren, wie jemand unter solchen Umständen sein Leben gestaltet, wie er überlebt und sein Dasein und das der Welt aus einer Perspektive sieht, vor der man so häufig die Augen verschließt und so selten Zugang sucht.

Exakt zwei Wochen später (ein Brief braucht etwa eine Woche) bekam ich eine sehr höfliche, durchdachte und freundliche Antwort. Dave war 30 Jahre älter als ich, was ihn erst ein wenig zögern ließ: Würde ich verstehen, woher er kam, und wie würde ich mit all dem umgehen können, was er erzählte? Es war ihm auch wichtig, dass wir zu Anfang die Möglichkeit seiner Exekution besprachen und wie es mir mit dieser Aussicht ging. Ich schätzte seine Umsicht, versicherte ihm, ehrlich zu sagen, wenn ich mit etwas nicht klarkäme, und stellte viele Fragen.

So begann Dave in vorsichtigen Häppchen zu erzählen, und ich erfuhr nach und nach, was es bedeutet, vom Staat zum Sterben verurteilt zu sein: Es bedeutet, auf ungewisse Zeit fast 24 Stunden am Tag in einer fünf Quadratmeter großen, spärlich ausgestatteten Einzelzelle eingesperrt zu sein. Es bedeutet, wie ein Ausstellungsstück hinter Gittern und für alle sichtbar zu essen und zu schlafen, auf die Toilette zu gehen, Gymnastik zu machen, zu malen, lesen, schreiben und eben alles zu tun, was ein Mensch so macht. Mehrmals am Tag wird die Nummer eines jeden aufgerufen, um sicherzugehen, dass man noch lebt – mit Namen werden Inhaftierte nur selten angesprochen.

Was auch immer noch bleibt, ist geregelt und eingeschränkt. Aller Besitz muss in eine kleine Kiste passen, in der Woche gibt es eine Rolle dünnes Toilettenpapier, zwei Mal Duschgelegenheit und zwei Stunden Hofgang, sofern das nicht aus unerfindlichen Gründen kurzfristig abgesagt wird. Erlaubt ist ein Besuchstag die Woche, höchstens sechs Stunden lang – wenn überhaupt jemand kommt.

Dave führt einen täglichen Kampf, sich von den Bedingungen nicht einnehmen zu lassen und lebendig zu bleiben, zu überleben. Diese Realität ist für mich eigentlich nicht zu begreifen. Aber auch wenn ich von meinen Unternehmungen, meiner geliebten Familie und meinen Freunden, von der Uni, meinen Zukunftsplänen und den Reisen in die weite Welt erzähle, kann Dave nur eine Idee von dem Leben bekommen, das ich hier führe. Und wir merken immer mehr, dass es darum gar nicht geht. Wir reden auch nicht ununterbrochen über Schuld und Tod. Wir teilen Gedanken und Erlebnisse, unterhalten uns über die Welt, die Liebe, über Gott, Politik, tauschen Gedichte und Träume aus, erzählen aus unserem Leben, lernen uns kennen. Einfach weil das Leben schön ist und geteilt noch viel schöner.

Heute ist unser Kontakt letztendlich nicht mehr und nicht weniger als das Abenteuer einer Begegnung, in der sich völlig neue Dimensionen des Daseins auftun – obwohl die Umstände vielleicht ein wenig ungewöhnlich sind. Es ist eine Begegnung, die uns ganz vielschichtig bereichert und in der wir Unterschiede überbrücken dürfen. Ich beobachte Dave dabei, wie er trotz allem von dem Sinn seines Daseins überzeugt ist und der Welt, in der er scheinbar keinen Platz mehr haben darf, noch etwas geben möchte. Ich schätze sein ehrliches Interesse, seine weisen und gedankenvollen Einschätzungen, wenn wir Themen diskutieren, seine aufrichtige und kreative Art.

> „Dave nach und nach zu entdecken macht mich dankbar für so viele vermeintliche Selbstverständlichkeiten."

Ich lerne viel von seinen Gedanken, von seinem ehrlichen Kampf mit dem Leben, von seiner inneren Stärke und Freiheit und seinem Willen, mit dem er sich entschieden hat, sein Leben neu zu gründen. Es ist mir eine große Ehre, daran Anteil haben zu dürfen, dieses farbenfrohe und geheimnisvolle Bild mit dem Titel „Dave" nach und nach zu entdecken, und das macht mich dankbar für so viele vermeintliche Selbstverständlichkeiten, mit denen ich leben darf.

Dave sagte einmal, dass unser Kontakt für ihn eines der wenigen guten und reinen Aspekte seines Daseins und in seiner Umgebung einer der wenigen Bereiche ist, über die er selbst entscheiden kann. Es hilft ihm, Menschlichkeit zu spüren und zu der Welt draußen Kontakt zu halten, obwohl sie so unerreichbar für ihn bleibt. „Du bist die Ruhe in meinem sonst chaotischen und einer rauen See ähnlichen Leben. Bei dir weiß ich, dass ich ‚nur ich' sein kann, und dass du dieses Ich schätzt und respektierst. Hier drin bin ich kategorisiert und gebrandmarkt, als was auch immer die Gesellschaft entscheidet, mich sehen zu wollen. Alles Gute an mir ist ausgelöscht, im Namen der Gerechtigkeit. Aber du siehst das ganze Bild von mir, ohne mich zu rastern und zu diskriminieren, du verfolgst nicht irgendeine Agenda. Das weiß ich zu schätzen, und ich lerne davon, wie du dich entscheidest, Menschen sehen zu wollen."

Anfangs wurde ich auch hin und wieder gefragt, warum er denn eigentlich einsitzt und wie ich ihm denn glauben kann? Obwohl mir Dave von Anfang an sehr offen von seinem Prozess erzählt hat, war es mir wichtig, ihn wissen zu lassen, dass diese Details für mich keine Rolle spielen, ob wir uns schreiben oder nicht, und er sich nicht vor mir erklären oder rechtfertigen muss. Es ist nicht meine Aufgabe zu verurteilen, das haben andere schon getan. Auch will ich ihn als Menschen nicht darauf reduzieren, was er möglicherweise und aus welchen Gründen auch immer einmal gemacht hat.

> „Ich habe mich einfach entschieden, ihm zu glauben, dass er unschuldig ist."

Und so habe ich mich einfach entschieden, ihm zu glauben, dass er unschuldig ist. Auch weil ich denke, dass genau das die Freiheit ist, die ich habe und die wir unserem Kontakt geben können: Einmal angenommen, Dave erzählt mir die ganze Zeit Lügengeschichten – sicher wäre ich enttäuscht, das zu erfahren, weil unser beider zuvor formulierter Anspruch an unsere Freundschaft ein ehrlicher und aufrichtiger war. Aber wenn ich ihm so einen Raum bieten könnte, eine Alternative zur tristen Gefängniswelt zu konstruieren, und ihm das hilft, da drinnen zu überleben – ich würde es gerne mittragen wollen.

Ich werde hier also nicht seinen Fall diskutieren, weil ich glaube, dass das nicht angemessen ist, nicht einmal notwendig –

er hätte das selbst angesprochen, wenn er es gewollt hätte. Vielleicht an dieser Stelle nur so viel: In den meisten Bundesstaaten der USA wird die Todesstrafe auch gegen ausländische Erwachsene, vor allem für Tötungsdelikte, wegen schweren Missbrauchs, Drogenschmuggel oder Flugzeugentführung verhängt, wobei die Hinrichtungsart heute fast ausschließlich durch die Giftspritze erfolgt. Im Januar 2011 warteten 3251 Menschen in US-Gefängnissen auf ihre Exekution, insgesamt 1859 Menschen wurden zwischen der Wiedereinführung der Todesstrafe im Jahre 1976 und Januar 2011 hingerichtet, 46 davon 2010. Zwischen Rechtsspruch und Vollzug vergehen meist mehrere Jahre, in welchen die Verurteilten in Einzelhaft gehalten werden. Deshalb ist Dave auch schon seit über zwanzig Jahren dort, wartet auf Fortschritte in seinem Revisionsverfahren oder letztendlich auf die Vollstreckung des Urteils. Eingesperrt in diese Strukturen, muss es so beschwerlich sein, jeden Tag aufs Neue nach etwas zu suchen, was den Tag lebenswert macht.

Und so dachte ich knapp zwei Jahre nach meinem ersten Brief, dass es an der Zeit sei, in die USA zu fliegen und Dave im Gefängnis zu besuchen. Hinter mehreren Reihen Stacheldraht und vorbei an peniblen Sicherheitskontrollen fand ich mich wieder in einem kargen, gelb-braun gestrichenen Besucherraum mit Neonlicht, festgeschraubten Metalltischen, einem Getränkeautomaten in der Ecke, einem kleinen, vergitterten Kioskfenster, mehreren Häftlingen in weiß-oranger Sträflingskleidung, schmalen, getönten und vergitterten Fenstern, Aufsehern, die alles Geschehen mit Argusaugen verfolgen, und damit in einer Welt mit genau geregelten Vorgaben, was man wann und wie tun darf. Natürlich war mir klar, dass ein amerikanisches Gefängnis kein Spaßpark ist. Aber all das hatte dann doch recht wenig mit meinem alltäglichen Umfeld zu tun. Ich war neben den anderen Besuchern auch mit Abstand die jüngste und wohl die einzige, die mit keinem Insassen partnerschaftlich liiert ist. Trotzdem merkte ich schnell, dass die ganze Sache auf der anderen Seite auch nichts ist, wovor man sich zu fürchten braucht. Es ist Daves tägliche Realität, und ich war dort, um sie kennenzulernen.

Dave wird mir erst später erzählen, dass er an unserem ersten Besuchstag seit drei Uhr morgens nicht mehr schlafen konnte, so aufgeregt und angespannt war er. Und der Moment, als er dann endlich vor mir stand, ist unvergesslich. Wir musterten uns kurz und umarmten uns dann – seine erste Umarmung in diesem Jahr. Endlich begegneten wir uns leibhaftig! Wir hatten uns viel zu erzählen, aßen Dinge, die weitaus bessere Qualität hatten als das, was er sonst bekam. Anfangs hatte er Hemmungen, so viel Essen auf meine Kosten zu kaufen. Wir liefen im Raum herum, posierten für Bilder, die wertvolle Erinnerungen werden würden, suchten uns Süßigkeiten aus dem Automaten aus, die Dave vor zehn Jahren zuletzt gegessen hatte, und fühlten uns wohl miteinander.

> „Ich wünschte, dass wir einfach vergessen konnten, wo wir waren, dass es ein bisschen so wäre, als würden wir uns an irgendeinem Kiosk einen Snack holen."

Ich ließ mir alles von ihm erklären, ließ ihn entscheiden; er sollte Gastgeber sein, sollte das Menü zusammenstellen, mir das Essen in der Mikrowelle warm machen und seine kurze Freiheit der Handlungs- und Entscheidungsmöglichkeit bis ins Letzte auskosten! Man kann sich nur schwer vorstellen, wie unbezahlbar ein Besuch ist, die geschenkte Möglichkeit, für ein paar Stunden die kleine Zelle zu verlassen, jenseits der konstanten institutionellen Blase bedeutungsvolle Gespräche mit wohlwollenden Menschen zu führen. Ich wünschte mir für ihn, dass wir für diesen Moment einfach vergessen konnten, wo wir waren, dass es ein bisschen so wäre, als würden wir uns an irgendeinem Kiosk einen Snack holen, gleich nach draußen an einen See gehen und picknicken. Nachdem er bestellt hatte, reichte ich dem verkaufenden Häftling ganz unauffällig das Geld. Dave darf es nicht anfassen.

Und als wir uns nach vier Besuchstagen schließlich verabschieden mussten, konnte ich die Tränen nicht unterdrücken. Weil Traurigkeit und Fassungslosigkeit angesichts des Leides und der Grausamkeit, zu der Menschen fähig sind, mein Verstehen übersteigen. Weil ich Dave da zurücklassen muss. Aber auch, weil ich gar nicht weiß, wie ich der Freude und dem Erstaunen über den unglaublichen Reichtum unserer Begegnung überhaupt anders Ausdruck verleihen kann. Weil ich hinter all den Stacheldrahtzäunen, Sicherheitstüren und Kameras noch Leben gefunden habe, das eigentlich nicht sein und nicht gestaltet werden darf, das zum Sterben verurteilt wurde und dennoch überlebt.

„Dave" ist nun nicht mehr nur irgendein Gefangener, irgendwo in einem fernen Land. Er hat eine Stimme, ein Gesicht und Gestik, ist greifbar geworden. Entgegen allen Assoziationen, die einem bei dem Wort „Todestrakt" kommen, ist er ein intelligenter, liebevoller und nachdenklicher Mann, der ein ganz unglaubliches Gespür für das Leben und die Menschen um ihn herum hat. Dave beschrieb mir hinterher auch eine tiefe Leere, die er nach meinem Weggehen empfand. Aber auch, dass er wusste, dass es sich so anfühlen musste, weil es so eine wertvolle Begegnung war und man einfach nicht wollte, dass es zu Ende ist. Was also als langsame Annäherung und Lernprozess begonnen hatte, ist allmählich zu einer Freundschaft geworden, die weit über unsere Erwartungen hinausgewachsen ist.

„Aber was ist, wenn sie Dave dann doch töten?"

Aber was ist, wenn sie Dave dann doch töten? Im Prinzip ist das jederzeit möglich. Und egal, was ich heute sage, dann wird es einfach wehtun. Weil ich diesen teuren Freund als lebendiges und reagierendes Gegenüber verlieren werde. Für mich war diese Aussicht aber trotzdem nie ein Grund, unserem Kontakt keine Chance zu geben. Ist nicht ein (plötzlicher) Verlust letztlich immer der Preis, dem wir zustimmen, wenn wir uns für zwischenmenschliche Beziehungen entscheiden? Ich empfinde es vielmehr als hilfreich zu wissen, dass ein plötzliches Loslassen notwendig werden kann. Das wirft uns auf zutiefst Menschliches zurück und macht uns bereit, Themen und Fragen ins Auge zu sehen, die wir beide ans Leben stellen. Wir nutzen einfach die Zeit, die wir haben, hier und jetzt. Und was wir heute gestalten und gewinnen, ist ein Schatz, den uns keiner nehmen kann.

Es ist vielleicht doch ein bisschen so, wie Dave einmal sagte: „Ich glaube, wir sind wie Raupen in einem Kokon, und unser ganzes Leben ist ein Prozess, in dem wir all das Wissen und Erleben absorbieren, so gut wir nur können, bis es Zeit wird, dass uns Flügel wachsen und wir davonfliegen, in etwas Neues. Alles dazwischen ist Trainingsboden."

Elisabeth Deutscher ist 23 Jahre alt und studiert in Heidelberg Religionswissenschaft und Theologie.

„Warum hast du mir das angetan, Gott?“

2003 verliert Pastor Heinrich Silber seinen sechsjährigen Sohn Benjamin durch Leukämie. Der Verlust lässt ihn und seine Familie nicht nur eine schwere Phase der Trauer durchleben, sondern auch sein Glaube gerät in eine Krise. Wie soll man an die Allmacht Gottes glauben, wenn er sich in den entscheidenden Situationen doch als ohnmächtig zeigt? Wenn der gepredigte und der erfahrene Gott zwei völlig unterschiedliche Wesen zu sein scheinen?

Von Heinrich Silber

Der jüdische Schriftsteller Zvi Kollitz schreibt: „Ich glaube an Gott, auch wenn er alles getan hat, dass ich nicht an ihn glaube.“[1] Dieser Satz drückt meine Gedanken aus, als am 3. September 2003 unser jüngster Sohn Benjamin starb. Die Hälfte seiner sechs Lebensjahre war von Leukämie geprägt. Er hatte uns Eltern so sehr beschenkt in seinem kurzen Leben. Er war so gern in den Kindergarten gegangen. Zur Einschulung kam es nicht mehr. Er hatte so gejubelt, wenn im Fußball die „richtige“ Mannschaft siegte. Wir hatten gebetet, als er krank wurde. Unsere Gemeinde, in der ich Pastor bin, hatte gebetet. Freunde in Japan, den USA und England hatten für Benjamin gebetet – für Heilung, nicht für unsägliches Leiden und einen verzweifelten Tod.

Und es war zum Verzweifeln, als ich seine Agonie sah und seine entsetzlichen Qualen. Ich war so hilflos und konnte ihm in seiner Not nicht helfen. Wo warst du, Gott? Benjamin starb vor meinen Augen einen grausamen Tod. Die Bilder von seinem Todeskampf, die haben sich tief in meiner Erinnerung einge-

[1] Zvi Kolitz, *Jossel Rakovers Wendung zu Gott*, Berlin, S. 51.

brannt. Benjamin hatte seinen letzten und schwersten Kampf verloren. Und unsere Familie hatte ihn verloren.

Wo warst du, Gott, als Benjamin um sein Leben rang und gegen den Tod kämpfte? Ich habe diese Frage häufig gestellt. Was hast du dir dabei gedacht, mir meinen Sohn zu nehmen? Hast du überhaupt etwas gedacht? Ich brachte das nicht mehr zusammen: Was andere, ich auch, über Gott gepredigt hatten, was ich geglaubt hatte und was ich nun ganz anders erlebte. Gott hatte keine Allmacht, sondern Ohnmacht gezeigt. Wo war der barmherzige Gott? Ich habe in Benjamins Todesstunde keine Barmherzigkeit wahrnehmen können. Gab es diesen „gepredigten Gott" überhaupt, oder hatten alle Beter einer Illusion geglaubt? Fragen über Fragen stürzten über mich herein. Und ich fand keine Antwort. Konnte ich noch mit Überzeugung Gottes Gnade predigen, wenn ich seine Gnadenlosigkeit erfahren hatte? „Kannst du überhaupt noch predigen?", so fragte mich ein Kollege. Ich fragte mich das auch.

Ein kurzer Rückblick: Meine Frau Silvia und ich bekamen im Laufe der Jahre drei Söhne. Wir waren eine ganz normale Familie. Wir stritten miteinander und rauften uns wieder zusammen. Als Eltern freuten wir uns, als die Kinder größer und selbstständiger wurden.

> „Warum konnte dieser als barmherzig gepredigte Gott so unbarmherzig handeln? Diese Frage ist mir geblieben."

Dann, 1999, kam die erste wichtige Zäsur: Als Benjamin zwei Jahre alt war, erkrankte er an Leukämie. Wir wohnten im Einzugsgebiet der Universitätsklinik München, in der er behandelt wurde. Die Ärzte gaben seine Überlebenschancen mit etwa achtzig Prozent an. Benjamin litt sehr unter der Chemotherapie, doch wir bekamen im Laufe der Zeit den Eindruck, der fast zur Gewissheit wurde, dass die Krankheit geheilt worden war. Hatte Gott unsere Gebete auf diesem Wege erhört? Hatte sich die medizinische

Kompetenz der Ärzte und Pfleger als erfolgreich erwiesen? Es schien so. In den folgenden Jahren gingen wir regelmäßig zu den Blutkontrollen. Sie waren alle gut. Wir freuten uns an Benjamins Lebensfreude, die er wiedergefunden hatte.

Wir zogen als Familie aus beruflichen Gründen von Niederbayern an den Niederrhein. Im Frühjahr 2003 machten Benjamin und ich eine „Vater-Sohn-Reise" nach Miami, Florida. Wir verbrachten bei Freunden wunderschöne, ereignisreiche Tage, die mir immer in Erinnerung bleiben werden. Wir wussten damals noch nicht, dass es die letzten unbeschwerten Tage seines Lebens sein würden. Die Katastrophe holte uns schnell aus unseren Reiseerinnerungen heraus.

Drei Tage nach unserer Rückkehr stand eine routinemäßige Blutkontrolle an. Wir dachten uns nichts Böses, bis der behandelnde Arzt uns mitteilte, dass in Benjamins Blut wieder Leukämiezellen gefunden worden waren. Die Überlebenschancen wurden vage auf fünfzig Prozent geschätzt. Meine Frau und ich wussten, was das bedeutete. Und Benjamin mit seinen knapp sechs Jahren wusste es auch. Auf der Rückfahrt von der Universitätsklinik Köln zu unserem Wohnort sagte Benjamin zu mir: „Papa, es ist doch traurig, wenn von zwei Freunden einer stirbt." Er nannte mich öfters seinen Freund. Wie recht er doch hatte. Er war sich seiner Lage bewusst.

Zehn Monate Chemotherapie standen ihm bevor. Chemotherapie kannten wir von Benjamins Ersttherapie, aber diesmal war die Therapie konzentrierter. Die Behandlung führte dazu, dass Benjamin bald wieder leukämiezellenfrei war, aber sein Darm nicht mehr funktionierte. Anfang September 2003 war der Darm so sehr zerstört, dass es zu einer Blutvergiftung kam, die ihn das Leben kostete. Die Chemotherapie hatte die Leukämiezellen besiegt und dabei solche Nebenwirkungen hervorgerufen, dass Benjamin daran unter entsetzlichen Schmerzen starb. Er hatte seinen schwersten und grausamsten Kampf verloren.

Wo war Gott gewesen, als Benjamin starb? Hatte Gott nicht helfen können oder nicht helfen wollen? Beide Möglichkeiten erschreckten mich gleichermaßen. Was nutzte mir mein Glaube an einen allmächtigen Gott, wenn dieser Gott sich ohnmächtig zeigte? Gott, warum hast du mir das angetan? So fragte ich immer wieder, wenn ich am Grab unseres sechsjährigen Benjamin stand. Und was noch schlimmer ist: Gott hat bis heute nicht geantwortet. Warum konnte dieser als barmherzig gepredigte Gott so unbarmherzig handeln? Diese Frage ist mir geblieben.

„Gott hat unsere Gebete nicht erhört, aber er war uns als Familie nah. Er hat mit Benjamin und uns gelitten."

Nach Benjamins Tod machten wir die Erfahrung, dass viele Bekannte uns auswichen, weil sie mit unserem Leid nicht konfrontiert werden wollten. Die geballte Ladung von Gleichgültigkeit und Egoismus, die uns entgegenschlug, hat uns zutiefst erschüttert. Es tut doppelt weh, in der Lebenskrise gemieden zu werden.

Der Freundeskreis wird in einer solchen Leidenszeit einer ernsten Probe unterzogen. Und eine tragfähige Freundschaft wird wichtig. Ja, es gab sie, die wenigen Freunde, die bei uns aushielten oder mit uns weinten, wenn die Trauer, die Wut, der Zweifel und die Kraftlosigkeit uns ergriffen. Diese Freunde blieben, und die Freundschaft wurde tragfähig und bereichernd.

„Ich glaube an Gott, auch wenn er alles getan hat, dass ich nicht an ihn glaube." Das ist bis heute die vorläufige Bilanz meiner Erfahrung mit Benjamins Tod. Gott hat unsere Gebete nicht erhört, aber er war uns als Familie nah. Er hat mit Benjamin und uns gelitten. Das reicht mir nicht wirklich, ist aber ein Ansatz, auf dem Glauben an Gott wieder wachsen kann. Es bleiben noch viel Klage und auch Anklage gegen Gott. Die Bibel, die so viel von Gott überliefert, fordert uns förmlich auf zu klagen und zeigt uns, wie antike Menschen in anderer Zeit, anderer Kultur und anderer Gegend geklagt haben. Einer von ihnen schreibt in Psalm 88: *„Herr, Gott, mein Heiland, ich schreie Tag und Nacht vor dir. Lass mein Gebet vor dich kommen, neige deine Ohren zu meinem Schreien. Denn meine Seele ist übervoll an Leiden, und mein Leben ist nahe dem Tode."* Ja, das traf meine Situation und war so ehrlich formuliert. Von diesem Beter fühlte ich mich verstanden. Meine vielen Fragen sind noch nicht beantwortet und meine Zweifel noch nicht ausgeräumt. Sie bohren weiter.

„Ich glaube an Gott, auch wenn er alles getan hat, dass ich nicht an ihn glaube." Warum? Weil ich keine bessere Alternative kenne. Ich weiß Benjamin in der Hand dieses Gottes gehalten. Trotz aller Zweifel, daran will und darf ich weiter festhalten. Auch, oder gerade deshalb, kann ich diesen Gott weiter predigen, obwohl sich meine Bilder und Vorstellungen von ihm stark verändert haben.

Inzwischen liegt Benjamins Tod gut drei Jahre zurück. Da stellt sich die Frage: Hat sich etwas in der Trauer verändert? Wird es leichter, an Benjamins Grab zu stehen? Die Antwort auf solche und ähnliche Fragen ist ambivalent. Sicher hat sich manches verändert. Der Schmerz ist anders als am Todestag. Und doch schmerzt es nach wie vor. Häufig habe ich plötzlich eine Erinnerung an ein Erlebnis. Erfahrungen und Erlebnisse unserer gemeinsamen USA-Reise kommen wieder hoch. Das schmerzt sehr.

Und doch hat sich etwas Entscheidendes verändert. Die Erfahrung des Todes von Benjamin ist ein Studium, mit dem ich anderen leidenden und trauernden Menschen eine Hilfe sein kann. Durch meine Erfahrung kann ich ihnen den Eindruck vermitteln, dass jemand ihre Lage verstehen kann. Das reicht mir nicht aus, aber es beginnt ein kleines Licht am fernen Ende des Tunnels zu leuchten. Der Weg ist noch weit bis zur Verarbeitung von Benjamins Tod. Doch dieses glimmende Licht markiert das Ziel, und ich muss mich immer wieder aufmachen zu den Menschen, die meine Hilfe gebrauchen können. Nur so scheint es mir zu gelingen, die traumatische Erfahrung vom Tod unseres Benjamin zu verarbeiten.

Wie konnte ich als Individuum, wie konnten wir als Ehepaar und wie konnten wir als Familie unsere Trauer verarbeiten? Ich ziehe zum Schluss dieses Artikels ein wenig Bilanz.

Die Erfahrung, helfen zu können, ist ein Plus im Trauerprozess. Ich erlebe es immer wieder, dass Familien, die einen schweren Schicksalsschlag zu verarbeiten haben, Kontakt mit mir aufnehmen und den Zugang zur Trauer über die Klage Gott gegenüber dankbar zur Kenntnis nehmen.

Das heißt keineswegs, dass ich so etwas wie Sinn in dem grausamen Schicksalsschlag erkennen kann. Ich stimme Anselm Grün zu, wenn er schreibt: „Es ist ... wichtig, diese Sinnlosigkeit auszuhalten und nicht vorschnell als etwas Sinnvolles umzudeuten."[2] Das allerdings ist ein herausforderndes Ziel, das enorme Anstrengung erfordert. Ja, es stimmt aus meiner Erfahrung: Der Tod meines Benjamin war ein Akt der Sinnlosigkeit. So sehr ich mich dagegen wehre, dieses Urteil „sinnlos" muss anerkannt werden. Aber es gilt auch dies, dass die „Sinnlosigkeit" zu sinnvollerem Handeln und Denken führt. Ich erlebe seit Benjamins Tod, dass sich auch meine Arbeit, mein Gemeindedienst, verschoben hat. Ich setze mich stärker für Menschen ein, die krank sind oder um liebe Angehörige bangen oder trauern. Mehr als vorher bekomme ich Einladungen zu Vorträgen oder Predigten, die sich um den Themenbereich Tod und Trauer ranken. Und ich stelle dabei fest, dass Menschen mir zuhören, die manchmal keinerlei

> „Die Bibel kennt sehr wohl einen Gott, der dem Menschen nahekommt und auch im Leid nahe ist."

[2] Anselm Grün, *Womit habe ich das verdient? Die unverständliche Gerechtigkeit Gottes*; Münsterschwarzach, 2005, S. 41.

kirchliche Sozialisation haben. Das andere erlebe ich auch: Manche Menschen lehnen diese Art zu trauern vehement ab.

Ich habe häufig den Eindruck, dass der Betonung des Lobes Gottes in unseren Gemeinden apologetisches Interesse zugrunde liegt. Man will Gottes Ehre retten. Mir will allerdings scheinen, dass hier ein großes Manko der modernen Evangelisation liegt. Leidende und trauernde Menschen fühlen sich missverstanden, wo nur Raum für positive Erfahrungen ist – und das in einer Situation, die Solidarität dringend erforderlich machen würde. Könnte es nicht sein, dass unsere Gottesdienste schlecht besucht sind, weil wir nicht mehr trauern können? Ein „triumphalistischer" Gottesdienst mag eine vorübergehende Welle des missionarischen Eifers auslösen – aber trägt er der Lebenswirklichkeit in ihrer ganzen Breite Rechnung?

Ich habe im Kontakt mit Trauernden immer wieder die Erfahrung gemacht, dass ein trauernder Gläubiger viel eher als Gesprächspartner von anderen Trauernden ernst genommen wird. Damit ändert sich meistens auch die Prioritätenliste eines Trauernden.

Die Ehe von trauernden Eltern ist gefährdet durch den Todesfall eines Kindes. 80 % der Ehepaare, die ein eigenes Kind verloren haben, trennen sich im Laufe der nächsten Jahre. Diese Zahl macht das Gefahrenpotenzial deutlich. Meine Frau und ich erlebten den Umgang mit unserer Trauer völlig unterschiedlich. Silvia wollte sich den Schmerz „von der Seele reden". Ich habe mich in Arbeit gestürzt und über das Thema Tod und Sterben eine Fülle von Referaten vorbereitet und gehalten. Mir war diese Form der Auseinandersetzung eine große Hilfe. Am liebsten hätte ich mich in meinem Arbeitszimmer tagelang eingeschlossen und schweigend und manchmal weinend gearbeitet.

Dies ist nicht der Ort, einen Weg des Umgangs als besser oder schlechter zu werten. Trauer über den Tod, noch dazu den Tod in Agonie des eigenen Kindes, ist eine individuelle Erfahrung.

Wegen der Intensität der Trauer ist es wenig sinnvoll, aber sehr verletzend, eine Analogie herzustellen zu anderen Erfahrungen. Jeder Beteiligte hat sein Recht auf einen individuellen Trauerverlauf und auch eine individuelle Trauerarbeit. Trotzdem, dieser Gefahr des möglichen Auseinanderlebens sollte sich ein Elternpaar bewusst sein. Ich musste es erst lernen, dass meine Frau ihren eigenen Trauerverlauf hat. Die Gefahr liegt darin, dass die Beteiligten aus Unverständnis heraus die Verarbeitungspraxis des jeweils anderen als minderwertig bewerten.

Was ist geblieben, und was wird kommen? Was bedeutet diese Todeserfahrung für mein Gottesbild? Wie wirkt sich die Erfahrung von Benjamins Tod auf meine Berufsausübung als Pastor aus? Ich kann und will nicht verhehlen, dass der Tod von Benjamin meinen Glauben und meine theologischen Überzeugungen in starke Turbulenzen geführt hat. Es fällt mir seitdem schwer, einen Bibeltext zu predigen, der Gottes Allmacht oder heilende Wunderkraft betont und herausstellt. Typische Anbetungslieder, die immer populärer werden, stellen Gottes Größe, Stärke und Heilungskräfte in den Blickpunkt. Ich habe andere Erfahrungen gemacht als die Liederdichter. Es nutzt nichts, wenn Gottes Allmacht und Wundertaten bekenntnisartig geglaubt werden, aber das Gegenteil erfahren wird. Dieses Eingeständnis scheint mir aus Gründen der Ehrlichkeit unumgänglich.

> „Ja, Gott hat uns den Glauben unverhältnismäßig schwer gemacht. Aber ich glaube doch an ihn. Eine bessere Alternative kenne ich nicht."

Was bleibt denn noch als Inhalt für eine ehrliche Predigt von Gott? Die Bandbreite an Predigtthemen, und auch der Inhalt, hat sich für mich geändert. Die Bibel kennt sehr wohl einen Gott, der dem Menschen nahekommt und auch im Leid nahe ist. So stellt sich nach 2. Mose 3,7 Gott dem Mose bei dessen Berufung vor: *„Ich habe das Elend meines Volks in Ägypten gesehen und ihr Geschrei über ihre Bedränger gehört; ich habe ihre*

Leiden erkannt." Der Gott, der den Leidenden und damit auch den Sterbenden und Trauernden nahe ist, der bleibt erhalten.

Aber genau dieser mitleidende Gott, der hat meine Familie bitter enttäuscht. Und diese Enttäuschung ist schwer zu ertragen. Es ist auch kein, wie auch immer zu verstehender, Sinn in Benjamins Tod zu entdecken. Der Prophet Jeremia sagt: *„Warum währt doch mein Leiden so lange und sind meine Wunden so schlimm, dass sie niemand heilen kann? Du bist mir geworden wie ein trügerischer Born, der nicht mehr quellen will"* (Jer. 15,18). Von diesen anklagenden Worten fühle ich mich verstanden und identifiziere mich damit. Im Hinblick auf Eltern, die um ein eigenes Kind trauern, schreibt Anselm Grün: „Ich kann dazu gar nichts sagen. Ich muss es erst aushalten und den Tod so junger Menschen in seiner ganzen Sinnlosigkeit akzeptieren."[3] Dem kann ich nur zustimmen. Ja, Gott hat uns den Glauben unverhältnismäßig schwer gemacht. Aber mit den Worten des weiter oben zitierten jüdischen Schriftstellers glaube ich doch an ihn. Eine bessere Alternative kenne ich nicht.

Dann wächst, zwar ganz langsam, aber stetig, der Glaube daran, dass irgendwann Gott alle Tränen von unseren Augen abwischen wird (Offb. 22,4). Hier beginnt der Anfang einer Lösung zu wachsen. Doch es ist noch ein weiter Weg hin zu einem Glauben, der so etwas wie ruhige Gelassenheit bewirkt. Werde ich jemals da ankommen, wo ich mit Gelassenheit über Benjamins Leben und seinen Todeskampf nachdenken und vertrauensvoll an den Gott der Bibel glauben kann?

Dr. Heinrich Silber, Jahrgang 1958, war lange Jahre als Pastor im Bund Freier evangelischer Gemeinden tätig, zuletzt in Neukirchen-Vluyn.

---

[3] Grün, *Womit habe ich das verdient?*, S. 99.

Salome

Ein Kind stirbt im Bauch seiner Mutter – ein unfassbar schmerzhaftes Ereignis. Das eigene Kind, sehnlich erwartet, ist tot, noch bevor die Eltern es kennenlernen durften. Ein Verlust, der oft tabuisiert, bagatellisiert und in seiner Tragweite verkannt wird. Sabine Herold, evangelische Pfarrerin in der Schweiz, hat einen solchen Verlust erfahren. In ihrem Beitrag berichtet sie, wie sie von Schmerz und Trauer überwältigt wurde und warum sie nicht daran zerbrochen ist!

Von Sabine Herold

Ich habe es mir auf dem Sofa bequem gemacht, die Beine hochgelegt und versuche nun, mich zu entspannen. Ich will mich schonen, aber das ruhige Liegen fällt mir schwer. Mit einem dreijährigen Wildfang ist das fast unmöglich. Aber jetzt liege ich da. Ich bin in der achten Woche schwanger. Vor vier Tagen haben leichte bis mittlere Blutungen eingesetzt, die mich schockiert und verwirrt haben. Im ersten Moment habe ich gedacht, dass nun alles aus sei, und mich gleich auf den Weg ins Krankenhaus gemacht. Es war nicht alles aus. Der Ultraschall war in Ordnung. Die Ärztin hat mich beruhigt, und ich bin wieder nach Hause gefahren – nicht ganz so beruhigt. Zwischendurch haben die Blutungen aufgehört, dann sind sie wiedergekommen. Seit Tagen geht das so, aber es scheint ein bisschen besser geworden zu sein. Ich habe wieder Hoffnung und versuche, alles ruhiger zu nehmen. Sämtliche Termine sind abgesagt. Ich bleibe zu Hause.

Auf einmal geht ein schmerzhafter Stich durch meinen Unterleib. Ich erschrecke, ahne Schlimmes. Es kommt mir vor, als sei mein Kind soeben gestorben. Aber ich weiß es nicht. Wenig später bekomme ich starke Schmerzen. Alles zieht sich zusammen. Ich mache mich auf den Weg ins Bad. Blut. Ich blute wie verrückt. Es hört nicht mehr auf. Und es tut weh. Das ist nicht normal, denke ich. Ich sehe nicht nur Blut. Da kommt mehr raus: schwarze Klumpen. Ich weine. Jetzt weiß ich, dass ich mein Kind verloren habe.

Wenig später kommt eine Freundin und fährt mich in die Praxis meiner Gynäkologin. Die Ärztin macht einen Ultraschall. Von einer Schwangerschaft ist keine Spur mehr zu sehen. Aus. Vorbei. Die Ärztin reagiert sehr einfühlsam und erzählt mir, dass sie selbst drei Fehlgeburten gehabt habe. Meistens verliere eine Frau ein Kind, wenn ein genetischer Fehler vorliege. Aber das sei trotzdem sehr traurig, da es in unseren Köpfen schon ein fertiges Baby sei. Mein Kopf versteht, aber mein Inneres kann noch nicht fassen, was in den letzten Stunden geschehen ist und was ich gerade mitgeteilt bekommen habe: keine Schwangerschaft mehr, kein Kind mehr.

Gerade bin ich aus der Narkose aufgewacht. Die Ausschabung liegt hinter mir. Regelmäßig überwacht eine Krankenschwester meine Werte. Die anderen Betten in meinem Zimmer sind leer. Wenn ich zwischendurch allein bin, weine ich hemmungslos.

Die Tür öffnet sich, und mein Mann kommt herein. Sein Anblick tut mir gut. Er hat mir etwas zum Schreiben mitgebracht. Kaum ist er wieder weg, laufen die Tränen von Neuem. Ich erinnere mich an einen Traum, ein paar Nächte bevor die Blutungen kamen:

Ich merke, dass die Wehen losgehen. Alles geht schnell. Schon liege ich im Kreißsaal, vom Personal umgeben. Die Schmerzen sind unbeschreiblich. Die Freude ist umso größer, als das Kind da ist. Ein Mädchen. Aber wieso schon die Geburt? Ich bin doch noch am Anfang der Schwangerschaft. Es dauert eigentlich noch sieben Monate.

Jetzt ist meine Schwangerschaft zu Ende. Es dauert keine sieben Monate mehr. Das Kind ist „geboren" – ein Mädchen. Irgendwie hilft mir der Traum von letzter Woche, denn nun ist das Kind kein „Etwas" mehr, sondern hat ein Geschlecht, ist eine Persönlichkeit – meine Tochter!

Ich nehme den Block, den mein Mann mitgebracht hat, und schreibe einen Brief an mein Kind, aber auch einen Brief an Gott, den ich im Hier und Jetzt nicht verstehe:

> „Mein Kopf will erklären; meine Seele weint. Du bist tot. Und mit dir ist ein Teil meines Herzens gestorben."

Jetzt ist alles vorbei. Kein Kind mehr in mir. Die Angst und Unsicherheit der letzten Tage sind gewichen. Nur der Schmerz bleibt: der körperliche Schmerz im Bauch; die Lücke, die du einst ausfülltest – und der Seelenschmerz. Mein Kopf will erklären; meine Seele weint. Du bist tot. Und mit dir ist ein Teil meines Herzens gestorben. Auch wenn mein Körper schon bald den alten Zustand wiedererlangt hat, ist meine Seele noch bei vorgestern, als du noch da warst; bei gestern und bei heute, als mich der Schmerz durchdrang. Meine Seele ist noch nicht im Jetzt angekommen, hat noch ein Kind – und wird dich immer als Kind haben, auch wenn du dann vielleicht im Zimmer der Erinnerung wohnst. Dein Tod ist im Moment das Schlimmste für mich. Es ist nicht das Ende der Welt. Es ist das Ende meiner Welt! Das Leben geht weiter; die Zeit läuft unaufhörlich – doch bei mir steht sie still. Gott, ich weiß nicht, warum. Aber ich frage dich – und ich warte auf eine Antwort!

In der Nacht wechseln sich Schlaf- und Wachphasen ab. Wenn ich einschlafe, träume ich komische Sachen rund um die Fehlgeburt. Ich weine im Traum und erwache auch weinend.

Schon früh am anderen Morgen beginnt der Tagesbetrieb. Immer noch muss ich weinen. Dann wird ein Bett nach dem anderen neben mir belegt. Ich reiße mich zusammen. Trotzdem bin ich ständig kurz davor, erneut in Tränen auszubrechen. Ich liege auf dem Bett und schaue aus dem Krankenhausfenster. Das Wetter ist wunderschön. Ich kann sogar bis zu den Alpen sehen, die von sanftem Dunst umgeben sind. Das Morgenrot ist überwältigend. Doch was nützt mir der wunderbare Ausblick?

Gerade habe ich unser zweites Kind verloren. Bisher habe ich immer gedacht, dass mir so etwas nicht passieren kann. Meine Mutter hat vier Kinder zur Welt gebracht, hatte nie Probleme während der Schwangerschaft. Nie eine Fehlgeburt. Wieso sollte mir dann so etwas geschehen? Was eine Frau durchmachen kann, die ein Kind verliert, war mir bisher fremd, nicht nachvollziehbar. Nun weiß ich selbst, was es bedeutet. „Kind, wo bist du?"

Und dann kommen die Selbstvorwürfe: Vielleicht bin ich selbst schuld, dass sich das Kind gelöst hat. Vielleicht hätte ich meinen Sohn nicht mit dem Fahrrad in die Spielgruppe bringen sollen. Vielleicht hätte ich letzte Woche nicht zum Zug rennen sollen, den ich sowieso verpasst habe. Dann waren da die zwei Grippen. Vielleicht sind die der Grund für die Fehlgeburt. Während ich so in Schuldgefühlen versunken bin, kommt mein Mann. Er hat sich freigenommen, und ich bin sehr dankbar dafür, dass er da ist. Sobald die Ärztin noch einmal vorbeigeschaut und mir weitere Anweisungen und Medikamente gegeben hat, werde ich entlassen. Die Ärztin wünscht mir noch alles Gute. Alles Gute? Was soll das heißen? Was ist jetzt gut für mich? Zu Hause muss ich immer wieder weinen. Der innere Schmerz überrollt mich unangemeldet, heftig, tief. Doch jedes Mal versuche ich, ihn zu unterdrücken und mich zusammenzureißen, „stark" und „tapfer" zu sein. Ich fühle mich wie in einer anderen Welt, wie neben mir. Alles scheint so sur-

> „Ich meide derartige Menschen. Ich überlege mir sehr gut, wem ich von meinem Erleben erzähle und wem nicht."

real zu sein. Vieles ist auf einmal belanglos, und ich merke, was im Leben wirklich wichtig ist.

Seltsamerweise höre ich in dieser Zeit von mehreren anderen Frauen, dass sie auch eine oder sogar mehrere Fehlgeburten hatten. Diese Frauen können mich am besten verstehen und helfen mir durch ihr Zuhören, ihr eigenes Erzählen, ihre Worte. Ich merke, dass diese Frauen wissen und am eigenen Leib erlebt haben, wovon sie reden. Von ihnen kommen keine Pauschalantworten wie: „Du bist doch noch so jung! Du hast ja schon ein Kind! Sei dankbar dafür! Dein Sohn braucht dich jetzt. Du kannst ja wieder schwanger werden. Das geht vielen so. Du bist halt keine robuste Person ..." Derartige Antworten bekomme ich auch zu hören. Ich versuche zu verstehen, dass viele nicht wissen, was sie sagen und wie sie reagieren sollen, und dass wohl die meisten ihre Worte gut meinen. Ich fühle mich von ihnen aber nicht wirklich verstanden. Was mich vielmehr ermutigt, sind Sätze wie:

„Jede Frau erlebt und verarbeitet eine Fehlgeburt anders. Gib und nimm dir jetzt Zeit, um zu realisieren, was alles in dir vor sich geht, um deine Gedanken und Gefühle zu ordnen. Weine, wenn dir danach zumute ist. Lass dir Zeit, von deinem Kind Abschied zu nehmen. Versuche, das zu sehen, was du hast, und freue dich daran, zum Beispiel an deinem Mann und an deinem Kind. Akzeptiere nach und nach, dass das zum Leben gehört. Das ist die Realität. Wenn deine Gefühle in der nächsten Zeit sehr schwanken, dann hängt das auch mit dem Hormonwechsel zusammen, den du durchmachst. Suche jetzt viel Nähe zu lieben Menschen und Freundinnen, die dich verstehen. Sprich über das, was in dir vorgeht. Meide Menschen, die dich mit fertigen Antworten abspeisen, die dich stressen und dir die Kraft rauben."

Ja, und ich meide derartige Menschen. Ich überlege mir sehr gut, wem ich von meinem Erleben erzähle und wem nicht, welche Antworten ich vertragen kann und welche nicht. Die nächsten Tage werden nicht leicht. Ich versuche, den Schmerz zuzulassen, aber es ist jedes Mal ein Kampf. Von zwei Freundinnen bekomme ich Blumen. Einen Strauß Rosen und einen großen Strauß mit riesigen Sonnenblumen. Die Blumengeschenke freuen mich sehr. Ich erinnere mich auch an eine Karte von einer selbst betroffenen Frau, die mich ermutigt. Auch von meiner Mutter bekomme ich einen Brief, in dem steht, dass sich meine Eltern und Geschwister sehr auf das Baby gefreut hätten. Noch jemand, der unser Kind ins Herz geschlossen hat. Mitten in meinem Dunkel gibt es doch immer wieder Lichtblicke – sei es durch ein liebes Wort, eine mitfühlende Geste, eine Umarmung, Zuhören …

„Es fällt mir schwer, ‚schwach' zu sein und mich gehen zu lassen. Aber jedes Mal, wenn es doch möglich ist, spüre ich Erleichterung."

Mein Rucksack ist schwer, zieht mich nach unten, fordert meine letzte Kraft. Ich trage Schmerz, Erschöpfung, Schuldgefühle und Angst mit mir herum. Meine Reise geht ins Tessin, wo eine Woche Stille auf mich wartet, „Geistliche Übungen" genannt. Das Thema lautet: „Zur Ruhe kommen bei Gott" – das, wonach ich mich im Innersten sehne. Ich bin äußerlich still, aber umso mehr wird mir meine Unruhe bewusst. Ich kämpfe zuerst gegen meine Gefühle, gegen die Tränen und die Trauer. Ich habe Angst, dass mich der Schmerz überrollt. Es fällt mir schwer, „schwach" zu sein und mich gehen zu lassen. Aber jedes Mal, wenn es doch möglich ist, spüre ich Erleichterung. In meinem Tagebuch halte ich den Trauerprozess täglich fest. Schreiben hilft mir. Es hilft, meine Gedanken und Gefühle und den Schmerz in Worte zu fassen, sie auszudrücken und bewusst zu machen.

Wo bist du, Kind?
Ich suche dich –

doch du bist nicht mehr da;
gegangen, aus mir, weg.
Nichts bleibt –
nur der Schmerz,
ungeweinte Tränen,
Verlust und Trauer.
Ich fühle mich leer,
einsam, verlassen –
unendlich müde.
Wo bist du, Gott?
Ich kann dich nicht finden.
Fremd bist du mir geworden.
Mein Kind hast du mir genommen.
Warum?
Für was?
Erst gibst du, dann nimmst du.
Dein Schweigen quält.
Sprich doch ein Wort –
dein Wort für mich!

Ich bitte Gott um die „Gabe der Tränen“, denn ich merke, dass ich das Weinen nicht erzwingen kann, dass aber trotzdem eine Sehnsucht in mir ist, zu weinen und zu trauern, weil die Tränen innerlich brennen und geweint werden wollen. Mir wird auch bewusst, dass ich Zeit brauche und dass das Erlebte nicht von heute auf morgen „gelöst“, betrauert und abgeschlossen ist. Ich könnte es wegschließen, unterdrücken, verdrängen, aber dann würde es im Unterbewusstsein weiterquälen. Ich bitte Gott, dass er mit mir in meinem Tempo durch den Schmerz geht. Mir wird klar, dass ich meine Tochter nicht innerhalb von ein paar Tagen loslassen muss, aber dass ich mich mit meinem Kind zusammen Jesus überlassen darf – seiner Liebe, Obhut, seinem Blick und seiner Nähe. Wenn ich Musik höre und sie in mir klingen lasse, dann wird auch meine Seele berührt, und ein Ventil öffnet sich. Ich gebe meiner Tochter einen Namen. Sie soll nicht namenlos bleiben. Salome. Friede. Im Namen drückt sich meine Sehnsucht nach innerem Frieden aus, die Sehnsucht, bald auch über diesem Verlust zur Ruhe zu kommen. Noch einmal schreibe ich meiner Tochter, diesmal spreche ich sie mit ihrem Namen an:

Salome, ich sehne mich nach dir. Ich wüsste gerne, wie du ausgesehen hättest – deine Augen, dein Gesicht. Ich möchte dich in meinen Armen halten und liebkosen, möchte dich schützen und versorgen. Ich hätte so gerne erlebt, wie mein Bauch mit dir wächst, doch das wird ein Wunsch bleiben. Ich vermisse es, Kindsbewegungen von dir in mir spüren zu dürfen – nachts, wenn ich wach liege, oder auch am Tag. Ich wäre so froh gewesen, dich lebend zur Welt zu bringen, doch tot bist du geboren – als Abort verloren gegangen, ausgeschabt, ein Häuflein Gewebe, zur Unkenntlichkeit entstellt. Ich muss an all die Kinder denken, die nie geboren wurden und werden, auch an all die abgetriebenen Menschlein, die leben wollten, aber nicht durften, deren Leben grausam ein Ende gesetzt wurde. Salome, in meinem Herzen und meinen Gedanken bist du ein Mensch, mein Kind, mein Baby, meine Tochter.

In einer kleinen Kapelle sitze ich lange Zeit vor dem Kreuz und komme mit Jesus ins Gespräch. Endlich bricht die ganze Trauer aus mir heraus. Ich weine hemmungslos, schluchze, kämpfe nicht mehr gegen die Tränen. Sie dürfen kommen. Vor Jesus – dem, der unendlich für mich gelitten hat – brauche ich mich nicht zu schämen. Es tut gut, die Tränen zuzulassen und mich gleichzeitig dem zu überlassen, der mein Kind und mich selbst in der Hand hält. Am nächsten Tag begegnet mir Jesus in der Stille. In einem inneren Bild bekomme ich drei Geschenke von ihm: Es ist, als wenn er mir noch einmal für ein paar Wochen lang mein Kind zurückgibt, damit ich mich in Ruhe von ihm verabschieden kann. Ich darf mir Zeit lassen zu trauern. Zweitens darf ich – eingehüllt in den Mantel seiner Liebe – weinen, klagen, trauern, meine Gefühle und den Schmerz zulassen. Und ich weiß: Jesus ist in diesem Schmerz bei mir. Er trauert mit mir. Vor ihm darf ich sein, wie ich bin, und das kommen lassen, was kommt – auch Tränen! Das dritte Geschenk ist die Verheißung neuen Lebens. Vielleicht ein weiteres Kind? Ich weiß es nicht. Die Zeiten der Stille tun gut. Es kommt mir vor, als wenn Jesus mir Sätze sagt wie: „Komm zu mir mit deinem Schmerz; ich weiß darum; ich halte dich. Ich lasse dir Zeit. Lass dir selbst auch Zeit – mindestens so lange, wie deine Schwangerschaft dauerte! Ich gebe dir Anteil an meinem Leben, geliebte Tochter. Und: Deine Salome ist sicher und geborgen bei mir!"

Diese Erfahrungen sind für mich sehr tiefe Begegnungen mit Gott, und ich gebe sie an dieser Stelle nur weiter, weil ich hoffe, dass sie vielleicht Frauen in ähnlichen Situationen trösten und sie ermutigen, sich von Gott ansprechen und halten zu lassen. Das Wissen darum, dass ich trauern darf, entlastet mich und heilt sogar einen Teil des Schmerzes. Ich erlebe einen kleinen Durchbruch: neue Lebensfreude, Hoffnung, Trost. Der Himmel über mir scheint eine ähnliche Veränderung zu erleben. Bisher hat es nur geregnet. Jetzt endlich bahnen sich die Sonnenstrahlen einen Weg durch die Wolken. Der Himmel bricht auf:

Die Sonne scheint
und wärmt, umarmt und blendet mich –
nach dem Gewitter, den Regenschauern – Himmelstränen.
Licht – für mich.
Trost – von Gott.
Ich gehe zurück in den Schmerz, zu dir, Kind,
halte dich in meinen Gedankenhänden,
schaue dich mit meinem inneren Auge an,
liebe dich, liebkose dich in meinem Herzen.
Dabei bin ich getröstet und gehalten.
Ein Stärkerer ist bei mir,

der „Ich-bin-da“,
der zu mir in die Tiefe kommt,
der meine Schwachheit und Ohnmacht teilt.
Gott, ich überlasse mich dir.
Ich lasse meine „Haltung“ los,
um von dir gehalten zu werden;
verliere meine Fassung,
um von dir erfasst zu werden.

Bei meinem nächsten Gespräch mit der Leiterin dieser Stillewoche lade ich endlich meine Selbstanklage, mein schlechtes Gewissen und meine Schuldgefühle, dass das Kind vielleicht wegen mir gestorben ist, ab. Ich vergebe mir selbst und nehme Gottes Vergebung in Anspruch. Und dann vergebe ich Gott. Das klingt vielleicht seltsam, aber ich gebe ihm mein Nicht-Verstehen, meine Klagen und die vielen Fragen, auf die ich keine Antwort habe. Warum hat er mir meine Tochter genommen, wenn er doch der Gott des Lebens ist? Ich spreche diese Frage aus und weine den Schmerz heraus, und es tut gut. Ich lasse meine Erwartungen, die Schuld, in der er bei mir – wie ich meinte – steht, meine Forderungen, mein angebliches „Recht“ auf dieses Kind los.

„Ich weiß jetzt, dass es nicht selbstverständlich ist, überhaupt schwanger zu werden – es ist reine Gnade!“

Schnell geht die Woche im Tessin zu Ende. Mit einem vollen Rucksack, aber mit einem erleichterten Herzen fahre ich wieder nach Hause. Die Trauer nehme ich mit, aber ebenso Trost.

So lange, wie meine Schwangerschaft gedauert hat, so lange lasse ich mir Zeit zu trauern. Dann bin ich bereit, mein Kind loszulassen. Ich nehme in der Stille vor Gott von Salome Abschied. Sie ist nicht verloren, nicht irgendwo, sondern in den liebenden Armen Gottes. Was bei mir zurückbleibt, ist Friede über den Abschied von meinem Kind. Auch wenn noch oft die Tränen fließen und fließen dürfen, kann ich wieder lachen.

Nach ein paar Monaten bin ich wieder schwanger. Wird es diesmal gut gehen? Ich will mich nicht zu sehr freuen, aus Angst, dass es vielleicht wieder ein jähes Ende haben könnte. Die Schwangerschaft ist ein Geschenk! Ich weiß jetzt, dass es nicht selbstverständlich ist, überhaupt schwanger zu werden, ein Kind auszutragen und gesund auf die Welt zu bringen – es ist reine Gnade! Kein Mensch kann Kinder „machen". Keine Frau hat ein Recht auf Kinder! Eine Schwangerschaft ist ein Geschenk des Himmels: Gott hat sich dieses Kind ausgedacht! Und jeder Tag, an dem eine Frau schwanger bleibt, ist Gnade. Jeder Tag, an dem das Kind leben, sich entfalten und wachsen darf, ist noch viel mehr!

Sabine Herold (Jahrgang 1973) ist evangelische Pfarrerin, hat drei Söhne und lebt mit ihrer Familie in der Schweiz. Dieser Beitrag erschien zuletzt in: Sabine Herold (Hrsg.), „Bin kaum da, muss schon fort" (Brendow 2011).

Reich an etwas ganz Neuem

Im Herbst 2008 löste die Bankenpleite in den USA eine Panikwelle an den internationalen Börsen aus. Hierzulande stürzte der Dax in die Tiefe und mit ihm etliche Börsianer in die Krise. Auch für den ehrgeizigen Bankkaufmann Jens Hackbarth (45) aus dem mittelthüringischen Apolda wäre eine Finanzkrise eine Katastrophe gewesen und hätte ihn nur noch stärker unter Leistungsdruck gebracht. Doch eine gesundheitliche Krise riss ihn bereits im Alter von 36 Jahren aus der Erfolgssucht heraus und brachte ihn auf die Spur der Gelassenheit.

Von Sigrid Röseler

Als Mitarbeiter einer bekannten Bank in Deutschland betreut Jens Hackbarth Firmengroßkunden. Eine Aufgabe, die sein ganzes rechnerisches und strategisches Denken in Beschlag nimmt. Jens Hackbarth darf sich keine Fehler erlauben. Höchstleistung zu bringen ist Standard, Versagen tabu. So dreht sich sein ganzes Leben nur um Zahlen und Bilanzen – sehr zum Leidwesen seiner Frau: „Ich hab meinen Mann als sehr strebsam erlebt, er hat viel Zeit auf der Arbeit verbracht. Er war eben ein Mann, der sehr auf seine Karriere bedacht war. Er hat sein Leben darauf ausgerichtet, auch seine ganze Freizeit. Da blieb wenig Zeit für Freunde, für die kleinen, schönen Dinge oder für Gefühle. Er war mehr oder weniger nur auf sich und seinen Erfolg konzentriert.“ Der Wohlstand kann Katy Hackbarth nur wenig trösten. Ihr Mann verdient mehr als nur gutes Geld. Sein Job ermöglicht ihm und seiner Familie einen luxuriösen Lebensstil. Jens Hackbarth will ange-

> „Ich darf mich auf keinen Fall hinlegen! Ich darf mich auf keinen Fall hinlegen!“

sehen sein auf ganzer Linie – beruflich wie gesellschaftlich. Deshalb engagiert er sich beim Sportbund. Als Vereinsvorsitzender verantwortet er auch hier „wichtige Dinge“. Außerdem treibt er selbst regelmäßig Sport, um auch körperlich eine gute Figur zu machen. Alles wäre perfekt – wenn da nicht dieser ständige Kopfschmerz wäre. Doch den übergeht er. Schwächen kann er sich partout nicht leisten.

Im Herbst 2002 organisiert der ehrgeizige Geschäftsmann eine Konferenz der Partnerstädte Apolda und Rapid City in den USA. Auch hier, im Ausland, tritt Jens Hackbarth seinen morgendlichen Fitnesslauf an. Es ist der 1. Oktober 2002. Jens Hackbarth zieht seine Joggingschuhe an, und los geht's. Während des Laufens durchdringt ihn plötzlich ein Schlag: Ein warmer Strom breitet sich unter seiner Schädeldecke aus, der ihm bis ins Rückenmark hinunterfließt. Im nächsten Moment fühlt er seine Beine nicht mehr und sackt zusammen. In diesen Sekunden kann er nur noch denken: „Ich darf mich auf keinen Fall hinlegen! Ich darf mich auf keinen Fall hinlegen!“ Wie sich später herausstellt, tut er damit aus medizinischer Sicht genau das Richtige. Aber das ist fürs Erste das Einzige, woran er sich erinnern kann. Bis heute weiß er nicht genau, wie er zurück zu seiner Unterkunft in Rapid City kam – ein echter Filmriss, der von einzelnen Flashbacks unterbrochen wird. Zu Hause angekommen, muss er sich übergeben und sinkt anschließend völlig erschöpft in sein Bett. Katy Hackbarth kommt die Sache komisch vor. Ihr Mann redet wirres Zeug und legt sich hin, mitten am Tag. Bald ist klar: Jens Hackbarth muss untersucht werden.

> „Die OP hat über sechs Stunden gedauert. Dann wurde ein Teil der Schädeldecke wieder eingesetzt und meine Kopfhaut wieder zugetackert.“

Im Krankenhaus in Rapid City stellen die Ärzte eine Gehirnblutung fest. Ein Aneurysma, also die Aussackung eines

Blutgefäßes, ist geplatzt. Er wird sofort in die Mayo-Klinik, eine christliche Spezialklinik in Rochester, Minnesota, geflogen, wo er operiert wird: „Man hat meinen Organismus sehr weit heruntergefahren und dann den Kopf an der betreffenden Stelle aufgesägt. Alles musste wohl sehr kühl gehalten werden. Dann hat man hautnah an der Gehirnmasse das Blutgefäß abgeklemmt. Die Lage des Clips ist ungefähr auf Nasenhöhe, Richtung Wirbelansatz und Hauptschlagader. Die OP hat über sechs Stunden gedauert. Dann wurde ein Teil der Schädeldecke wieder eingesetzt und meine Kopfhaut wieder zugetackert." All dies weiß Jens Hackbarth nur aus Erzählungen. Er ist mit Medikamenten so vollgepumpt, dass er acht Tage lang kaum etwas mitbekommt. Als er wieder aufwacht, betreut ihn ein Krankenhaus-Seelsorger, der ihm von Gott erzählt. Zum ersten Mal in seinem Leben hört der Patient etwas über den christlichen Glauben. Was er erfährt, kann er zunächst nicht einordnen und lässt es vorläufig so stehen. Er ist zu müde und erschöpft, um sich darüber Gedanken zu machen. An das darauffolgende Jahr 2003 kann er sich auch nur noch vage erinnern. Er muss viele Tabletten schlucken, die sein Gedächtnis dämpfen und die Zeit wie im Nebel versinken lassen.

> „Die Frage, ob Gott daran schuld war, hab ich mir nie gestellt. Ich dachte eher: Irgendjemand muss ein Interesse daran gehabt haben, dass du an dieser Sache nicht stirbst."

Jens Hackbarth lebt jetzt gesundheitlich stark eingeschränkt. Viele Dinge muss er neu lernen, selbst Worte. So sagt er einmal anstatt Glühbirne aus Versehen „Schraubkerze". Überhaupt muss er sich für das Denken und Sprechen sehr anstrengen, denn bereits nach ein bis zwei Stunden leidet er an Konzentrationsstörungen und Wortausfällen. Hinzu kommt, dass die Schädigung des Gehirns eine Verstärkung des „emotionalen Sektors" hervorgerufen hat und er plötzlich sehr sensibel ist. Außerdem besitzt er keinen Geruchssinn mehr und ist ganz traurig, dass er zum Beispiel den Duft seiner Frau Katy nicht mehr wahrnehmen kann. Sein Blickfeld ist verengt, und er sieht alles nur noch wie durch einen Tunnel. Deshalb darf er auch kein Auto mehr fahren – zumal seine Reaktionsfähigkeit stark verlangsamt ist. Bei körperlicher Beanspruchung ist er wesentlich schneller erschöpft als früher, die Motorik lässt nach, und dann hinkt seine rechte Körperhälfte seltsam hinterher.

Während seine organische Heilung relativ schnell vorangeht, brauchen seine Seele und Psyche wesentlich mehr Zeit. 2004 wird ihm erst zunehmend bewusst, was ihm eigentlich passiert ist, und er fragt sich immer wieder in schlaflosen Nächten: „Warum ist mir das passiert? Warum muss ich da jetzt durch? Was hat das für einen Sinn? – Die Frage, ob Gott daran Schuld war, hab ich mir nie gestellt. Ich dachte eher: Irgendjemand muss ein Interesse daran gehabt haben, dass du an dieser Sache nicht stirbst. Die Leute sagten immer zu mir: Du musst Heerscharen von Engeln gehabt haben!" Jens Hackbarth fühlt sich wie zwischen zwei Welten, zwischen der, wie es früher war, und der, wie es in Zukunft sein wird. Um seine Erlebnisse zu verarbeiten, nimmt er psychotherapeutische Hilfe in Anspruch. In diesem Zusammenhang kommen ihm auch die Worte des amerikanischen Seelsorgers wieder in den Sinn.

„Wenn es so weitergegangen wäre, wären wir heute wahrscheinlich nicht mehr zusammen. Ich glaube, dass Gott den Unfall zugelassen hat, weil er dadurch unser Leben verändern konnte."

Er besorgt sich Literatur über den Glauben und beginnt zu lesen. Doch das reicht ihm nicht. Deshalb besucht er im Februar 2005 im „Lutherhaus" in Jena einen Glaubenskurs. Und noch während des Kurses verfestigt sich Jens Hackbarths Vermutung: Da hatte tatsächlich einer die Fäden in der Hand. Gott ist es gewesen, der ihn vor dem Tod bewahrt hat und der dafür gesorgt hatte, dass er medizinisch optimal versorgt werden konnte. Was ihm passiert ist, sieht er nicht als Schicksal, sondern als Gnade: „Ich habe etwas erlebt, was andere nicht erleben dürfen.“ 2005 lässt er sich aus Dankbarkeit und Überzeugung taufen. Ein Jahr später folgt seine Frau seinem Beispiel. Auch sie erkennt Gottes Hand in ihrem Leben: „Wenn es so weitergegangen wäre, wären wir heute wahrscheinlich nicht mehr zusammen. Ich glaube, dass Gott den Unfall zugelassen hat, weil er dadurch unser Leben verändern konnte. Er hat uns ein neues Leben geschenkt. Ich danke ihm von ganzem Herzen, dass ich Jens noch bei mir habe und wir eine andere Familie werden konnten, als wir früher waren.“

„Ich hab Zeit, also ich bin gelassener geworden, viel gelassener! Ich kann sogar zuhören. Das konnte ich früher alles nicht – dafür hätte ich überhaupt keine Zeit gehabt!“

Jens Hackbarth wird mit 37 Jahren zum Rentner und sein Lebensstil entsprechend bescheidener. Aber nicht nur deswegen spricht er ganz bewusst von einem „neuen Leben“. Die Welt sieht er nun mit ganz anderen Augen, mit der Gewissheit, dass er trotz aller Einschränkungen, auf der Gewinnerseite steht: „Früher ist man allem Möglichen nachgerannt. Geld stand im Mittelpunkt – das war der Ansporn, immer weiterzumachen. Heute muss ich mich nicht mehr anstrengen, irgendjemand zu sein – nein, ich kann so sein, wie ich bin, und die Menschen mögen mich so. Ich habe gelernt zu staunen, das ist für mich ein unheimlicher Schatz. Ich freue mich heute über Dinge, die ich früher nicht einmal bemerkt hätte: Blüten an Bäumen zum Beispiel oder die ersten Blumen im Garten. Und: Ich hab Zeit, also ich bin gelassener geworden, viel gelassener! Ich kann sogar zuhören. Das konnte ich früher alles nicht – dafür hätte ich überhaupt keine Zeit gehabt!“ Jens Hackbarth möchte von seiner

Veränderung weitererzählen und tut dies hauptsächlich durch Predigten als Lektor in der Kirche. Beruflich arbeitet er nur noch stundenweise als Buchhalter in einem Büro. Seine Frau Katy ist in einem kleinen Teeladen beschäftigt. Die beiden haben wieder Zeit füreinander, und darüber freut sich auch Sohn Rudi – zumal sich Nachwuchs ankündigt! Demnächst wird er ein kleines Geschwisterchen bekommen und Jens Hackbarth erneut Vater werden. Und für ein Baby, ja, dafür hat der ehemalige Banker heute besonders gerne Zeit!

Sigrid Röseler ist TV-Redakteurin bei ERF Medien e.V. in Wetzlar. Der Artikel erschien erstmals 2009 in der Zeitschrift „Neues Leben".

Sicher in der Liebe Jesu, sicher im Leib Christi

In seinem Buch „Im Nebel auf dem Wasser gehen" berichtet Adrian Plass, wie seine Familie seine todkranke Schwiegermutter aufnimmt, damit sie die letzten Tage ihres Lebens nicht in einem Krankenhaus verbringen muss.

Von Adrian Plass

In diesem Moment, während ich schreibe, liegt im Zimmer am Ende des Flurs gegenüber von meinem Arbeitszimmer jemand im Sterben.

Kathleen Rosa Ormerod ist die Mutter meiner Frau und meine gute Freundin. Sie ist achtundachtzig Jahre alt und leidet unheilbar an Krebs. Vor drei Wochen, eine Woche vor Weihnachten, haben wir entschieden, Kathleen aus dem Krankenhaus zu holen, damit sie ihre letzten Tage, Wochen oder Monate bei uns zu Hause verbringt. Sie ist ans Bett gefesselt -und was für ein Bett! Eines von diesen elektrisch gesteuerten Spezialbetten, denen man sogar zutrauen würde, einen Purzelbaum rückwärts zu schlagen, wenn man nur in der richtigen Reihenfolge auf die unzähligen Knöpfe drückt. Dieses Superbett steht in dem Zimmer, das bisher als unser Esszimmer fungierte.

Wir möchten gerne, dass sie dort einen Platz zum Wohnen hat, nicht nur das Äquivalent eines Krankenhauszimmers. Zum Glück ist das Zimmer hervorragend dafür geeignet; hell, gemütlich und abgeschlossen, erweckt es dennoch den Eindruck, mit dem Rest der Welt verbunden zu sein. Für diese Wirkung sind die Fenster und die Glastüren verantwortlich. Es gibt drei Fenster, zwei große, die auf den Bereich an der Vorderseite des Hauses hinausblicken, und ein kleineres mit Blick nach hinten in den Garten. Dazu gibt es zwei Türen mit Glaseinsatz, eine direkt vor ihr, die ihr den Blick in den Flur und auf die Treppe ermöglicht, und die andere schräg rechts von ihr mit Blick in die Küche, wo sich bei uns zu Hause schon immer alles wirklich Wichtige abgespielt hat – Reden, Essen, Zusammensitzen, all diese wesentlichen Dinge. Somit steckt sie genau in der Mitte unserer Familienaktivitäten. Sie kann sehen, wie die Leute kommen und gehen, von einem Zimmer ins andere wandern, in der Küche arbeiten und die Treppe hinauf- und hinuntersteigen. Ihr Zimmer ist ein Meer von Blumen, geschickt oder abgegeben von Freunden und Verwandten, die wissen, wie sehr Bridgets Mutter schon immer alles geliebt hat, was wächst. So stoisch sie alles nimmt, eine Sache, die Kathleen sehr traurig macht, ist, dass sie dieses Frühjahr nicht die Blumen im Garten ihres eigenen Hauses wachsen sehen kann. Was für ein trauriges Gefühl muss es sein, zu wissen, dass man wahrscheinlich seinen letzten Frühling erlebt hat.

„Wir haben es immer gern, wenn zur Weihnachtszeit jemand in einem Krankenhausbett in unserem Esszimmer schläft. Alles andere würde uns geradezu merkwürdig vorkommen."

Allerdings ist es noch nicht der schlimmste Winkel, in den das Leben einen verschlagen kann, wenn man keine Wahl hat, als zu sterben, und sein Bett nicht verlassen kann. Das ist die Ansicht, die Kathleen immer wieder äußert, und ich stimme ihr zu. Sie verdient diesen Trost und diese Rücksicht. Sie ist eine Schafferin der alten Schule, ein Mensch, der sich sein Leben lang für andere eingesetzt hat. Als hart arbeitende, beständig gehorsame Dienerin des Herrn seit mehr als acht Jahrzehnten hat sie jede Annehmlichkeit und Hilfe verdient, die man ihr geben kann.

Freilich zahlen wir alle einen Preis. Für Kathleen ist es das frustrierende Gefühl, in dieser letzten Phase ihres Lebens ständig auf andere angewiesen zu sein. An dem Tag, als sie nach ihrer Entlassung aus dem Krankenhaus bei uns eintraf, sagte sie, sie wolle mich etwas fragen.

„Adrian", sagte sie, ‚ich möchte, dass du mir die absolute Wahrheit sagst. Wird mein Hiersein eure Familienfeier stören oder eurem Alltag in die Quere kommen? Sei ehrlich zu mir."

„Meine Güte, nein", erwiderte ich. „Wir haben es immer gern, wenn zur Weihnachtszeit jemand in einem Krankenhausbett in unserem Esszimmer schläft. Alles andere würde uns geradezu merkwürdig vorkommen."

Kathleen lachte herzhaft darüber, aber es war zugleich ein Schritt auf dem Weg dahin, sich mit der Tatsache abzufinden, dass die Unabhängigkeit, die ihr so viel bedeutet, jetzt nicht mehr möglich ist. Es ist nicht ihre Art, etwas zu nehmen, ohne etwas dafür zu geben. Doch jetzt hat sie keine andere Wahl.

Für meine Frau sind manche Dinge sehr schmerzlich zu sehen. Erst vor einigen Monaten saß Bridget am Bett ihres demenzkranken Vaters, als er starb, und seither ist ihr kaum Zeit oder Raum geblieben, um über seinen Tod zu trauern. Kathleen war noch nie besonders stämmig, doch jetzt ist sie sehr dünn – entsetzlich, beängstigend dünn. Uns beiden fällt es sehr schwer, ihren ausgestreckten, fleischlosen Arm anzuschauen, zu sehen, wie die Haut an jenen brüchigen Knochen herabgleitet, wie Seide über eine Vorhangstange aus poliertem Holz. Daran ist der Krebs schuld. Auch wenn sie mehr essen würde, würde das nichts ändern. Wie ein gieriges, pilzartiges Monster frisst der hungrige Killer in ihr alles Gute und Nahrhafte auf, was ihrem Körper zugeführt wird, nährt sich davon und wird mit jedem Tag größer und breitet sich blindlings in alle Richtungen aus. Es ist seltsam für uns, sie anzusehen, so zierlich, so zerbrechlich und unanstößig, und zu wissen, dass dieses hässliche Ding sie Zoll um Zoll umbringt.

Am Ende des Tages schläft sie, unterstützt von Medikamenten, wie eine Tote, die Haut weiß wie Porzellan, der Unterkiefer auf die Brust gesunken, der Kopf zur Seite geneigt. Als wir kürzlich unsere Eindrücke austauschten, entdeckten wir, dass wir uns beide angewöhnt haben, nachdem sie abends das Licht ausgemacht hat, ängstlich durch die Glastür zwischen ihrem Zimmer und dem Flur zu spähen und sie mit weit aufgerissenen Augen eingehend zu beobachten, in der Hoffnung, an dem Auf und Ab der ausgemergelten Brust unter dem Nachthemd zu sehen, dass sie noch bei uns ist. So schwer es ist, das zuzugeben, es gibt auch Momente, besonders, wenn sie einen niederschmetternd schweren, unangenehmen Tag hinter sich hat, wo wir halb hoffen, ihr flaches Atmen würde aufhören. Dann fragen wir uns, ob Gott ihr vielleicht erlaubt, sich leise davonzustehlen zu ihrem geliebten George, der schon an einem Ort ist, wo es für ihn keine panische Verwirrung mehr und für sie keine Nachtstühle und Katheter und wund gelegenen Stellen und all die anderen Arten persönlicher Demütigung mehr gibt, die wohlerzogenen und gesitteten Menschen so zuwider sind.

„So schwer es ist, das zuzugeben, es gibt auch Momente, besonders, wenn sie einen niederschmetternd schweren, unangenehmen Tag hinter sich hat, wo wir halb hoffen, ihr flaches Atmen würde aufhören."

Nachts nehmen wir Kathleens Atmung mit ins Bett. Bridget hat ein Babyphon gekauft, damit ihre Mutter nachts nach ihr rufen kann, wenn sie dringend Hilfe braucht. Der Sender steht unten neben Kathleen und der Empfänger oben in unserem Schlafzimmer. Mir kam das anfangs sehr seltsam vor, und richtig gewöhnen werde ich mich wohl nie daran. Es ist, als wäre die Seele eines anderen Menschen in der kleinen Vorrichtung aus weißem Plastik mit dem roten Lämpchen gefangen, die auf einem Regal in der Ecke unseres Schlafzimmers steht. Jetzt sind jeden Abend, wenn ich meine Nachttischlampe ausgeschaltet habe, enervierenderweise zweierlei menschliche Geräusche neben meinen eigenen zu hören, und dazu das nicht ganz taktgleiche Ticken zweier Uhren, von denen eine an unserer Wand hängt und die andere auf dem kleinen Tischchen neben der schlafenden Kathleen steht. Das Ticken ihres kleinen, quadratischen Weckers läuft weiter wie das Schlagen eines gesunden Herzens, doch es gibt Momente, in denen Kathleens Atemgeräusche ganz aufzuhören scheinen. Wenn das passiert, setzt sich Bridget manchmal im Bett kerzengerade auf und lauscht angespannt auf das kleinste Anzeichen eines Atemzuges. Mehr als einmal hat sie mich gebeten, nach unten zu gehen und durch die Glastür zu schauen, um zu sehen, ob ihre Mutter noch lebt. Die Nächte sind zurzeit alles andere als einfach. Liebe und Tod und Furcht höhlen die Seele aus und produzieren seltsame, verworrene Träume und Stunden unruhigen Wachliegens.

„Liebe und Tod und Furcht höhlen die Seele aus und produzieren seltsame, verworrene Träume und Stunden unruhigen Wachliegens."

Wenn Angehörige von weiter her angereist kommen, um Kathleen zu besuchen, beobachte ich eine tiefe Traurigkeit bei ihr, nachdem sie sich wieder verabschiedet haben. Wie sie sagt, ist ihr jedes Mal bewusst, dass dies vielleicht das letzte Mal ist, dass sie den Besucher in dieser Welt sieht. Manchmal weint sie ein wenig, besonders über ihre nachlassenden Kräfte, ihr allgemeines Gefühl, nichts Nützliches oder Praktisches mehr zu der Welt um sie her beitragen zu können. Natürlich versuchen wir ihr das auszureden, aber Kathleen ist ja nicht dumm. Genau dasselbe würde sie auch zu uns sagen, wenn wir in ihrer Situation wären.

All das ist zutiefst beunruhigend. Bridget weint viel. Mir liegt das nicht, das heißt, wenn ich weine, tue ich es meist allein, aber ich bin angefüllt mit Gefühlen. Wir brauchen einander sehr im Moment.

Zwei Dinge sind es vor allem, die uns als Ehepaar helfen. Das eine ist die Tatsache, dass wir – Gott sei Dank – sehr gute Freunde sind, seit wir vor dreiunddreißig Jahren geheiratet haben. Das andere ist, dass wir immer den Wunsch hatten, dass Jesus im Mittelpunkt unseres Alltags steht. Ich glaube, die meiste Zeit war er auch da, obwohl ich der Aufrichtigkeit halber zugeben muss, dass er an manchen Punkten unseres Lebens vielleicht seinen Platz räumen musste. Wem mache ich etwas vor? Ich weiß genau, dass es so war. Aber das macht nichts. Gott ist mindestens so vergebungsbereit, wie es meine eigene Mutter war, und sie war tatsächlich ein Mensch, der mit diesem kostbaren Gut um sich warf, als stünde ihr ein unerschöpflicher Vorrat davon zur Verfügung.

Heute sind wir froh, dass die beiden erwähnten Dinge zutreffen. Es ist eine schwierige Zeit. Wir müssen uns umeinander kümmern. Das gelingt uns nicht allzu schlecht. Ein paar Mal, wenn die Anspannung unerträglich wurde, haben wir dumme, sinnlose kleine Streitereien miteinander angefangen und uns wegen nichts und wieder nichts gegenseitig angegiftet. Aber diese Zankereien dauern nicht lange. Wir sind wie Kinder. Gott ist unser Vater. Mit uns wird alles gut werden.

„Oh nein, um das Totsein mache ich mir überhaupt keine Gedanken ... Aber es gefällt mir gar nicht, euch alle zurückzulassen."

Da stehen wir also, während im Zimmer am anderen Ende des Flurs jemand im Sterben liegt. Die Anwesenheit von Bridgets Mutter und ihr bevorstehender Aufbruch zu dem Ort, wo, wie wir hoffen, alle Fragen beantwortet und alle Probleme gelöst werden, hat eine Wirkung auf alles, was ich denke und schreibe, die ich nur als zutiefst „lektorierend" bezeichnen kann.

Jesus spricht zu ihr: Ich bin die Auferstehung und das Leben. Wer an mich glaubt, der wird leben, auch wenn er stirbt; und wer da lebt und glaubt an mich, der wird nimmermehr sterben. Glaubst du das?

Sie spricht zu ihm: Ja, Herr, ich glaube, dass du der Christus bist, der Sohn Gottes, der in die Welt gekommen ist.

Diese aufrüttelnden Worte aus dem elften Kapitel des Johannesevangeliums müssen einfach wahr sein, oder? Um Kathleens willen, meine ich. Wenn man sicher weiß, dass seine Tage auf dieser Erde gezählt sind, dann muss es einfach irgendeine positive Aussicht geben, um einen über das unvermeidliche letzte Hindernis des Sterbens hinwegzuheben und -zuziehen. Neulich habe ich sie danach gefragt.

„Machst du dir Sorgen wegen des Sterbens?"

Sie antwortete ohne jedes merkliche Zögern.

„Oh nein, um das Totsein mache ich mir überhaupt keine Gedanken. Ich weiß, was ich glaube. Mir geht es gut, ich bin gut versorgt und habe im Moment keine Schmerzen." Dann hielt sie einen Moment lang inne und fuhr dann mit leiserer Stimme fort: „Aber es gefällt mir gar nicht, euch alle zurückzulassen."

Ich hoffe, wenn meine Zeit kommt, werde ich mir meines Glaubens so sicher sein, wie Kathleen es zu sein scheint. Sie fühlt sich völlig sicher in ihrem Glauben. Kein Wunder, dass Jesus sagte, dass wir werden müssen wie die Kinder. Manche Dinge lassen sich viel müheloser glauben, wenn man noch klein ist. Als zum Beispiel die Mutter meiner Mutter starb, war ich am Boden zerstört. Ich vermisste sie schrecklich, aber als meine Mama mir sagte, Oma sei jetzt im Himmel und eines Tages würde ich sie wiedersehen, da war ich zutiefst getröstet und vertraute fest darauf, dass es so war. Habe ich immer noch dieses feste Vertrauen, auf dieselbe naiv optimistische Weise? Nein. Ja. Manchmal. Absolut, ohne jede Frage. Nicht im Mindesten. Nur donnerstags.

Ich arbeite daran, Kind zu sein, wie Jesus es möchte, und er hilft mir dabei. Ich hebe meine Arme zu meinem Vater im Himmel hinauf und bitte ihn, seine Arme um mich zu legen, so wie ich bin, nicht so, wie ich eigentlich sein sollte. Was bleibt mir anderes übrig?

Adrian Plass ist verheiratet mit Bridget, hat drei erwachsene Söhne und eine Tochter. Er lebt und arbeitet in England als Schriftsteller und reist als gefragter Redner um die ganze Welt. Der Beitrag entstammt seinem Buch „Im Nebel auf dem Wasser gehen" (Brendow, 2008).

Gibt es ein Leben vor dem Tod?

„Dass einer gestorben ist, heißt nicht, dass einer gelebt hat." Diese Worte kommen Thomas Klappstein in den Sinn, als er am Sterbebett seines Vaters steht. In seinem Beitrag stellt er dankbar fest, dass das auf „Vaddern" zum Glück nicht zutrifft – denn er hat gelebt, auch schon vor seinem Tod. Ein dankbarer Rückblick auf ein ganz normales Leben.

Von Thomas Klappstein

Ein jegliches hat seine Zeit, und alles Vorhaben unter dem Himmel hat seine Stunde:
geboren werden hat seine Zeit, sterben hat seine Zeit.
(aus Prediger 3, 1 – 2a)

Am 7. Februar 2011 endete nach 73 Jahren das Leben von Eduard Klappstein auf dieser Erde. Das Leben meines Vaters. Auch wenn „Vaddern" zu diesem Zeitpunkt sehr geschwächt war und es durchaus eine Erlösung war, was seine körperliche Situation angeht, habe ich zu dem Zeitpunkt nicht damit gerechnet. Zu viele Türen hatte Gott in den letzten knapp eineinhalb Jahren aufgehen lassen, die für mich darauf hindeuteten, dass „Vaddern" noch eine Zeit bei relativ guter Lebensqualität hinzugetan werden sollte. Genau wie für meine eigene Familie, die Familien meiner Brüder und meine Mutter. Wir haben gebetet, gekämpft, gehofft – jetzt kam mir alles vor wie ein Regiefehler. Als ob Gott einen Moment unachtsam gewesen wäre.

Mein Vater war auch schon die letzten Jahre nicht mehr wirklich gesund. Seine Nerven in den Beinen machten Probleme. Das Laufen und Gehen wurde zusehends problematischer. Aber mit orthopädischen Hilfsmitteln und einer wirklich beispielhaften Disziplin blieb er bis zuletzt in Bewegung, war mobil. Konnte bis vor wenigen Jahren auch noch an Wanderungen und Wanderwochen teilnehmen.

2001 kamen dann aber hämatologische Auffälligkeiten dazu. Sprich, die Werte der roten und weißen Blutkörperchen waren grenzwertig. Immer nur knapp im grünen Bereich. Aber immerhin noch im grünen Bereich. Davon hat er uns als seinen Kindern aber erst recht spät erzählt. Es war keine Leukämie, sondern ein sogenanntes „Myelodysplastisches Syndrom“. Ausgelöst wohl durch Betriebsstoffe, mit denen er in den Anfangsjahren seiner beruflichen Laufbahn bei den „Hamburgischen Electricitäts Werken“ gearbeitet hat. Vor Jahrzehnten. Schadstoffe die sich im Körper ablagern, irgendwann einen schleichenden Prozess in Gang setzen. Lange Zeit wurde er leider auch nicht optimal medizinisch begleitet. Das kann und muss man leider tatsächlich so konstatieren. Seit Anfang 2009 war Vaddern dann transfusionsbedürftig, weil die Grenzwerte unterschritten wurden, und bekam in regelmäßigen Abständen Blutkonserven. Damit konnte er eine Zeit gut leben. Auch bei guter Lebensqualität.

„Er hatte stets den Willen, das Beste aus seiner Situation zu machen.“

Eduard ließ sich auch nicht hängen. Er hatte stets den Willen, das Beste aus seiner Situation zu machen. So war es ihm noch vergönnt, die „internationale“ Goldene Hochzeit im August 2009 mit seiner Frau Gerda sowie seiner in Kalifornien lebenden Schwester Adeline und ihrem Mann Klaus Dojahn – die fast zeitgleich geheiratet hatten; das eine Paar in Deutschland, das andere damals in Kanada – im großen Familien- und Freundeskreis hier in Deutschland zu feiern. Inklusive einem Gottesdienst in der Ahrensburger Schlosskirche, der komplett von den Kindern und Enkelkindern der beiden „Goldpaare“ gestaltet wurde, die aus vielen Teilen der Welt zusammengekommen waren und in dem ich das Vorrecht hatte, die Predigt zu halten. Hier ging es ihm richtig gut. Diese Feier wollte er auch unbedingt erleben. Ein für alle Beteiligten unvergesslicher Tag, an dem bis tief in die Nacht hinein in sehr angenehmer und gelöster Atmosphäre gefeiert wurde.

Aber in der Folge der nächsten Wochen wurden die Abstände zwischen den Transfusionen kürzer und unserer Familie immer bewusster, dass sein behandelnder Arzt, der auf Krebserkrankungen spezialisiert war und „Hämatologie" quasi als „Nebenjob" betrieb, keine wirkliche Hilfe mehr in dieser sich zuspitzenden gesundheitlichen Krise war. Wir haben dann Kontakt zu einem Spezialisten in Hamburg bekommen, der meinen Vater ab Februar 2010 weiterbehandelt hat, nachdem er kurzfristig noch einmal seinem ursprünglich behandelnden Arzt „ausgesetzt" war. Anders kann man es schon gar nicht mehr beschreiben. Wäre es dabei geblieben, hätte Vaddern wohl nicht mehr so lange bei in weiten Teilen doch noch recht guter Lebensqualität weitergelebt. Wieso, weshalb, warum – Fragen bleiben. Umso dankbarer waren alle Beteiligten, dass dieser neue Kontakt zustande gekommen ist. Besser spät als nie!

Wie dem auch sei, es war bei Vaddern schon ein Jahr mit vielen Höhen und Tiefen, was seinen Gesundheitszustand anging, und somit auch für die Mitglieder seiner Familie, somit auch für mich. Aber Vaddern hat gekämpft, gebetet, für sich beten lassen, sich nicht aufgegeben. Wollte noch ein bisschen in dieser Welt leben. Muddern noch nicht alleine lassen, die viel ertragen muss in dieser Zeit, auch erleiden; er wollte die Familie noch erleben und die Entwicklung der Enkelkinder begleiten. Wollte versorgungstechnisch noch einiges regeln für meine Mutter.

Obgleich die Akzeptanz zu gehen, wenn es denn so sein sollte, und in die Ewigkeit Gottes einzutauchen, vorhanden war. Darüber habe ich mich im Verlaufe seines letzten Lebensjahres des Öfteren mit ihm ausgetauscht. Trotzdem wünschte auch ich mir, und mit mir unsere gesamte Familie, Vaddern und Opa noch eine Zeitspanne an unserer Seite und in erreichbarer Nähe zu wissen.

Zuletzt wurde Vaddern eine Stammzellentransplantation empfohlen. Vaddern akzeptierte, im vollen Bewusstsein der Risiken, die hier eingegangen werden. Als es so weit war, gab es erstaunlich wenig Komplikationen, weder während der vorbereitenden Chemotherapie, um sein Immunsystem auf null zu fahren, noch während des Vorganges der Transplantation, noch in den Tagen danach. Alles entwickelte sich gut, die Blutwerte stiegen, und sein Körper bzw. Rückenmark produzierte wieder selbst. Als sich alles stabilisiert hatte, wurde er aus der stationären Behandlung entlassen und ambulant weiter behandelt. Er schien auf einem guten Weg. Jedoch am 8. November 2010, an seinem 73. Geburtstag, wachte er dann völlig verwirrt auf und konnte zunächst nicht aufstehen. Er wurde wieder stationär aufgenommen. Diagnostiziert wurde ein körpereigener Virus, der sich aktiviert und eine Gehirnentzündung hervorgerufen hatte. Fieber kam hinzu. Vaddern musste künstlich beatmet werden und, damit dies schmerzfrei passiert, in einen Dauerschlaf, eine Art künstliches Koma, versetzt werden. Nach ein paar Tagen wurden die „Schlafmedikamente" abgesetzt, er sollte aufwachen, kam aber wochenlang nicht zu sich. Wirklich erklären kann sich das auch im Krankenhaus keiner. Echtes „Hängen im Schacht".

„Ein Regiefehler Gottes? Wirkliche Antworten gab es nicht!"

Vielen Beteiligten stellen sich viele Fragen. Ich fragte und frage im Besonderen: Warum hat Gott ihn durch all diese schwierigen, teils lebensbedrohlichen Situationen hindurchgeführt, letztlich die Transplantation gelingen lassen – die Blutwerte waren weiter stabil und stiegen sogar im Koma – und nun so einen Virus scheinbar alles zunichtemachen lassen!? Ein Regiefehler Gottes? Wirkliche Antworten gab es nicht. Mein Wunsch und Gebet war es, dass ihm die Zeitspanne, die er sich gewünscht hat, noch hinzugetan würde, bei klarem Verstand, und Muddern und Vaddern sich noch einmal richtig erleben sollten. Es sollte anders kommen. Kurz vor Weihnachten 2010 erwachte er zwar aus dem Koma, erkannte auch seine Familie, sollte sich aber nicht mehr wirklich erholen. Gesundheitlich glichen die nächsten Wochen einer Achterbahnfahrt. Zuletzt ereilte ihn im Krankenhaus eine Lungenentzündung.

Nachdem mich dann die Nachricht seines Todes, die mir mein Bruder per Handy übermittelte, auf der nächtlichen Bahnfahrt nach Hamburg an sein Kranken- und letztlich Sterbebett erreicht hatte, gingen mir die wildesten Dinge durch den Kopf. Unter anderem kam mir auch der Spruch *„Dass einer gestorben ist, heißt nicht, dass einer gelebt hat"* in den Sinn, den ich vor Jahren einmal als Graffiti an einer Häuserwand entdeckt hatte.

Vaddern hat gelebt – für sich und andere – und ist nach einem erfüllten Leben gegangen. Bei seiner Trauerfeier war es für mich überwältigend zu sehen, wie sehr Vaddern vernetzt war und wie positiv sein Leben(swille) und Glauben von seinen Mitmenschen wahrgenommen worden waren. Das kam in vielen Beileidsbekundungen sehr detailgetreu zum Ausdruck. Viele Menschen haben sich die Zeit genommen, etwas genauer zu beschreiben, was sie mit meinem Vater verbunden hat und wie sie ihn wahrgenommen haben.

„Dass einer gestorben ist, heißt nicht, dass einer gelebt hat."

Am Wohlergehen seiner Familie war Eduard gelegen. Ihr wollte er einiges bieten. Dafür setzte er seine Schaffenskraft und vor allem handwerkliches Geschick ein, nicht nur bei seinem Arbeitgeber. So mancher Haushalt und manches Haus im Großraum Hamburg profitiert bis heute davon. Und natürlich auch in der Nachbarschaft. Vieles wird noch lange an ihn erinnern. Direkte Nachbarn und gute Freunde meines Vaters brachten es so auf den

Punkt, als sie von seinem Tod erfuhren: „Bei uns galt der geflügelte Spruch, wenn irgendetwas unklar war: Eduard fragen." Meist kannte Eduard die Antwort und konnte Lösungen aufzeigen.

Vaddern selbst war kein Mann der großen Worte. Und ich glaube auch, dass er nicht immer das zum Ausdruck bringen konnte, was er in bestimmten Situationen eigentlich sagen wollte. Auch uns als Kindern gegenüber nicht. Obwohl er eine Meinung und Überzeugung hatte. Er war nicht so der Kuschelbär. Aber wenn es darum ging, dass wir Hilfe brauchten, auch wenn wir uns manchmal selbst in schwierige Situationen gebracht hatten, war er da. Das wusste ich, das wussten meine Brüder. Darauf konnten wir uns verlassen. Vaddern fand nicht alle Wendungen der Lebenswege seiner Kinder gut (und auch nicht meiner), konnte nicht alles nachvollziehen, aber er ließ uns unsere eigenen Erfahrungen machen. Und wenn sein Rat gefragt war, gab er ihn.

> „Ich glaube, dass er nicht immer zum Ausdruck bringen konnte, was er eigentlich sagen wollte. Er war nicht so der Kuschelbär."

Vaddern war ausgestattet mit einem feinen Gerechtigkeitsempfinden. Setzte sich auch immer wieder für Benachteiligte ein. War z. B. für seine Schwester Lina, die an Kinderlähmung erkrankte und von frühester Jugend an gehbehindert war, derjenige, der sich um viele Dinge für sie kümmerte. War zuletzt ihr Betreuer. Inzwischen ist auch sie ihm in die Ewigkeit gefolgt.

Ein weiterer wichtiger und existenzieller Bereich im Leben von Eduard Klappstein war sein Glaube an Gott. An den Schöpfer-Gott, der sich in seinem Sohn Jesus Christus offenbart hat und dadurch eine Perspektive für die Zeit, aber auch für die Ewigkeit gibt. Eduard war entschiedener Christ und hatte in seinem Leben die bewusste Entscheidung getroffen, sein Leben diesem Jesus anzuvertrauen. Ein sogenanntes geistliches Zuhause fand er in einer evangelischen Freikirche in Hamburg. Hier brachte er sich intensiv und engagiert ein. Er hatte eine Meinung. Manchmal tat er sie kund, manchmal nicht. Hier war er auch für zehn Jahre im Presbyterium, dort Gemeinderat genannt, aktiv. Und er wollte, dass man sich in den Räumen des Gemeindehauses, der Kirche, wohlfühlt, dass Menschen aller Generationen hier ein Zuhause finden. Er war ein Mann, der den Blick stets nach vorne wandte, insbesondere was nachwachsende Generationen anging. Eine Freundin, die ihn als Teenie erlebt hatte, hat mir, nachdem sie vom Tode meines Vaters gehört hat, via E-Mail folgende Zeilen zukommen lassen:

„Liebe gesamte Familie Klappstein,
meine Hamburger Zeit ist zwar schon lange vorbei – aber die Jugendgruppenjahre waren ohne Klappsteins ja kaum denkbar. In Erinnerung bleibt mir Eduard vor allem als jemand, der ein Herz für die Jugend hatte und in seiner ruhigen, besonnenen Art manchmal kleine Wogen von aufkeimendem Generationenzwist abwiegeln konnte …"

Eduard konnte aber auch gut die vielen Früchte seiner Arbeit genießen. Er war kein Asket. Wenn es etwas zu feiern gab, wurde auch gefeiert. In der Gemeinde, in und mit der Nachbarschaft, und vor allem auch in und mit der Familie. Auch hierin war und ist er mir ein authentisches Vorbild.

Eduard war großzügig, konnte gönnen, sich freuen, wenn es anderen gut ging.

Ein Song des ostdeutschen Liedermachers Gerhard Schöne beschreibt für mich sehr schön diesen Wesenszug: „Spar deinen Wein nicht auf für morgen, sind Freunde da, so schenke ein, leg' was du hast in ihre Mitte, durch teilen wird man reich allein …" Dabei kam auch sein feiner, oft trockener Humor zum Tragen. Einer seiner Sprüche war: „Alles Geschmackssache – sprach der Affe und biss in die Seife."

Auch den Reisevirus hat mein Vater früh bei mir freigesetzt. Bei dem ersten Besuch bei seiner Schwester und ihrer Familie in den USA, in Kalifornien, sollte seine Familie natürlich dabei sein. Auch wenn er sich damals dafür finanziell quergelegt hat, wie meine Brüder und ich erst viel später erfahren haben.

Mein Vater hat mich 50 Jahre meines eigenen Lebens begleitet. Das war schon ein besonderes Geschenk, das nicht vielen Menschen vergönnt ist. Dessen bin ich mir sehr bewusst. Und mancher mag denken, dass man nach so langer Zeit auch dankbar loslassen sollte. Wenn man aber so lange von einem Menschen begleitet wird, dann fällt es umso schwerer, die Endlichkeit des Lebens und die Endgültigkeit seines Nicht-mehr-anwesend-Seins zu akzeptieren. „Es war doch immer so", an dieses Zitat aus einer der Kurzgeschichten/Kurzdramen des 1947 verstorbenen Hamburger Autors Wolfgang Borchert musste ich in dem Jahr, in dem mein Vater verstorben ist, oft denken. Darin lässt Borchert einen jungen Mann beim Anblick des im 2. Weltkrieg zerbombten Elternhauses an viele Situationen mit seinem Vater und seiner Mutter denken. Daran, wie selbstverständlich er immer alles genommen hat und wie er nun mit der Tatsache konfrontiert wird, dass nichts für immer selbstverständlich ist – nichts für immer ist. Zumindest nicht hier auf dieser Erde.

> „Wenn man so lange von einem Menschen begleitet wird, dann fällt es umso schwerer, die Endgültigkeit seines Nicht-mehr-anwesend-Seins zu akzeptieren."

Mit 73 Jahren ist man auch nach heutigen relativen Maßstäben schon alt – auch wenn man im Geiste noch jung ist. Aber er war noch nicht lebenssatt, hätte gerne noch weitergelebt. Viele Menschen werden ja heute in unserer Gesellschaft auch deutlich älter. In seinem letzten Lebensjahr habe ich, wie bereits erwähnt, einige Male mit ihm über den Tod und die Ewigkeit gesprochen. Er war bereit zu gehen, das hat er immer wieder geäußert. Weil er wusste, wohin er geht. Dass es weitergeht in der Ewigkeit. Damit hielt er nicht hinterm Berg. Auch nicht im Krankenhaus, wo er dem medizinischen Personal immer wieder sagte, dass er sich mit seiner Situation bei Gott geborgen fühlt und dass er auch für sie, das Personal, betet. Er hat seine Krankheit durchaus als Herausforderung angenommen. Er war nicht glücklich darüber, hat auch gehadert, ist aber daran nicht zerbrochen. Und er hat die Zeit, die ihm gerade im Jahre 2010 noch zur Verfügung stand, wirklich genutzt, um „sein Haus zu bestellen". Für seine Ehefrau, Gerda, noch einiges zu regeln. Eduard hatte sich noch eine längere Zeit mit Gerda gewünscht, hätte gerne noch ein wenig den Lebensweg seiner Kinder und Enkelkinder hier auf der Erde begleitet und beobachtet. Das ist nun anders gekommen als erhofft und erbeten. Das geschieht nun wohl von einer anderen Warte aus.

„Aber hier, hier fehlt er!"

Warum jetzt schon? Das ist eine der 1.387 Fragen, die ich Gott stellen darf, wenn ich mal vor ihm stehe. Aber vielleicht habe ich dann gar keine Lust mehr, diese Frage zu stellen, weil ich feststelle, dass man von da, wo „Vaddern" jetzt ist, eigentlich gar nicht mehr zurück will. Aber hier, hier fehlt er!

Getröstet und gleichzeitig motiviert haben mich die Worte des Predigers Salomo (Kapitel 3, Verse 11–14a):

„Er hat alles schön gemacht zu seiner Zeit, auch hat er die Ewigkeit in ihr Herz gelegt; nur dass der Mensch nicht ergründen kann das Werk, das Gott tut, weder Anfang noch Ende. Da merkte ich, dass es nichts Besseres dabei gibt als fröhlich sein und sich gütlich tun in seinem Leben. Denn ein Mensch, der da isst und trinkt und hat guten Mut bei all seinem Mühen, das ist eine Gabe Gottes. Ich merkte, dass alles, was Gott tut, das besteht für ewig; man kann nichts dazutun noch wegtun. Das alles tut Gott, dass man sich vor ihm fürchten soll."

Diese Worte beschreiben einfach sehr prägnant das Leben von Vaddern und auch die Einstellung Vadderns zum Leben. Ich bin froh, genau diesen Vater gehabt zu haben. Einen Vater, der sich der Endlichkeit im Diesseits und der Unendlichkeit im Jenseits bewusst war, sein Leben dankbar aus der Hand des Schöpfers genommen hat und einfach gelebt hat und andere an diesem Leben teilhaben ließ. Der auch das Leben feiern konnte. Der die Zeit, die ihm hier auf dieser Erde zur Verfügung gestellt wurde, mit Leben gefüllt hat. Das ist nicht selbstverständlich. Aber wegweisend. Und das hat auch mir geholfen, den Lebensfaden recht bald wieder aufzugreifen und den Realitäten des Lebens möglichst positiv zu begegnen und damit umzugehen.

Am Silvestertag von Vadderns Todesjahr haben meine Brüder und ich bei Einbruch der Dämmerung heimlich eine Silvesterrakete von seinem Grab aus gestartet, um das neue Jahr, um einen neuen Abschnitt, zu begrüßen. War laut Friedhofsordnung natürlich nicht gestattet, und Vaddern hätte uns sonst was erzählt – im ersten Moment. Im zweiten hätte er sich schmunzelnd etwas abseitsgestellt, um sich über die immer wieder etwas verrückten Aktionen seiner „Jungs" zu freuen, zu deren eigener Persönlichkeitsentwicklung er ja durchaus mit beigetragen hat. Die Freude am Leben darf und soll immer wieder durchkommen. Das Leben darf gefeiert werden. Auch wenn die emotionalen Täler der Trauer und des Verlustbewusstseins immer wieder da sind. Es würde mich beunruhigen, wenn dies anders wäre.

Thomas Klappstein ist geboren und aufgewachsen im Großraum Hamburg. Gelernter Groß- und Außenhandelskaufmann, studierter Theologe, studierter Diplom-Verwaltungswirt. Ordinierter Pastor im Mülheimer Verband Freikirchlich-Evangelischer Gemeinden (MVFEG). Derzeit freiberuflich aktiv als Autor, Prediger, Presse- u. Öffentlichkeitsarbeiter, Redner, Trauerredner, Moderator. Lebt mit Frau Claudia und seinen zwei Kindern in Duisburg.

Menschen am Abgrund

Ein seelsorgerlicher Beitrag zu Verlust und Trauer

Harald Petersen

Verlusterfahrungen kann niemand umgehen, denn sie sind so sicher wie das Amen in der Kirche. Wenn man könnte, wie man wollte, würde man sie aus seinem Leben streichen. Krankheit, Tod und Trauer, Trennungen und Arbeitslosigkeit, einfach streichen. Aber die Zeit, in der das alles gestrichen wird, kommt erst noch. In Gottes neuer Welt, so berichtet Johannes in seiner Offenbarung (Kap. 21, 1–5a):

Dann sah ich einen neuen Himmel und eine neue Erde. Der erste Himmel und die erste Erde waren verschwunden, und das Meer war nicht mehr da. Ich sah, wie die Heilige Stadt, das neue Jerusalem, von Gott aus dem Himmel herabkam. Sie war festlich geschmückt wie eine Braut für ihren Bräutigam. Und vom Thron her hörte ich eine starke Stimme rufen: „Dies ist die Wohnstätte Gottes bei den Menschen! Er wird bei ihnen wohnen, und sie werden seine Völker sein. Gott selbst wird als ihr Gott bei ihnen sein. Er wird alle ihre Tränen abwischen. Es wird keinen Tod mehr geben und keine Traurigkeit, keine Klage und keine Quälerei mehr. Was einmal war, ist für immer vorbei." Dann sagte der, der auf dem Thron saß: „Gebt Acht, jetzt mache ich alles neu!"

Aber hier und heute haben wir noch mit Verlusten und Schicksalsschlägen zu kämpfen. Sie und ich. Ich habe im Leben schon viel verloren, und doch geht es mir gut. Denn ich habe viel, was andere nicht (mehr) haben. Und ich weiß, dass es kein Leben ohne Verlusterfahrungen gibt. Zudem habe ich erfahren, wie ich aus manchen Krisen sogar gestärkt und bereichert herauskam. Und dennoch bleibt nach mancher Wunde zeitlebens eine Narbe zurück.

Eigentlich ganz normal

Es ist also normal, etwas zu verlieren bzw. loszulassen. Normal meint aber nicht, dass es einfach sei. In der akuten Situation zieht es einem fast den Boden unter den Füßen weg.

Einen Unterschied macht immer, ob man etwas freiwillig oder unfreiwillig loslässt. Nehmen wir als Beispiel Beziehungen. Für den, der vom anderen „genug" hat und eine Trennung anstrebt, ist es meist leichter, diese zu verkraften, als für den Partner, der in der Beziehung ganz zufrieden war und nun vor vollendete Tatsachen gestellt wird.

Und wer sich rechtzeitig damit auseinandersetzen kann, dass seine körperlichen Kräfte und Fähigkeiten abnehmen, etwa im Alter, der wird dies in der Regel besser verkraften als ein jüngerer Mensch, der durch einen Unfall seinen geliebten Sport aufgeben muss.

Jeder erlebt es anders

„Neulich verlor ich auf der Straße 1,- €, das war mir so was von egal. Dann verlor ich an der Börse durch den Kurseinbruch 1000,- €, das war mir nicht mehr egal."

Nicht, ob jemand Geld verliert, sondern wie viel Wert es für ihn hatte, das entscheidet darüber, wie schmerzhaft der Verlust empfunden wird. Ich kenne nämlich Menschen, deren persönliche Schmerzgrenze beginnt erst irgendwo bei 10.000,- € und mehr.

Aufgrund seiner persönlichen Situation reagiert also jeder Mensch anders auf Verluste. So kommt es auch, dass Menschen sehr unterschiedlich lang und intensiv trauern. Wenn in einer sechsköpfigen Familie ein Familienmitglied stirbt, verarbeiten alle fünf das auf ihre Weise. Auch kulturelle Gepflogenheiten spielen eine Rolle. Früher hielt man viel vom Trauerjahr und trug in dieser Zeit schwarze Kleidung. Heute hat sich das geändert, und die alte Norm gilt nicht mehr. Ich denke, das ist gut so, denn Trauer wird immer sehr individuell erlebt und soll ja nicht zusätzlich durch den Druck der Gesellschaft erschwert werden.

Gleiches gilt beim Verlust des Arbeitsplatzes. Mancher steckt das schnell weg, für andere bricht eine Welt zusammen. Warum ist das so? Weil die Lebensumstände und die Persönlichkeit des Einzelnen jeweils anders sind. Mit unserer typischen Veranlagung, unserem Charakter, reagieren wir sogar auf die gleichen Ereignisse bzw. Auslöser anders. Wenn 30 Mitarbeiter einer kleinen Firma erfahren, dass der Chef Konkurs angemeldet hat, verarbeiten alle 30 es anders, viele ähnlich, aber anders. Der eine ärgert sich über den Chef, ein anderer weint, der dritte zeigt Galgenhumor, der vierte hat Angst, sein Häuschen nicht mehr abzahlen zu können, der fünfte sieht seine Chance auf einen besseren Job ...

Jeder hat das Recht auf seine originale, manchmal auch originelle Reaktion. Denn jeder von uns ist als Gottes Geschöpf ein wertvolles Original. Der eine sucht Erklärungen und Auswege, der andere lässt tatenlos alles laufen und fügt sich in sein sogenanntes „Schicksal". Mancher versucht zu flüchten, mal in übermäßige Arbeit, mal in Suchtmittel, aber wer flüchtet, wird mit seiner Lebenslage auch nicht fertig, denn oft kommen neue Probleme hinzu. Und das Ursächliche wird so nicht geklärt. Aber, Gott sei Dank, verarbeiten viele Menschen ihre schwere Verlusterfahrung auch auf konstruktive Weise. Trotzdem stellt sich in der Krise oft eine besondere Frage.

Verstehe einer Gott …

Niemand sollte einem anderen Menschen bestimmte Verhaltensweisen nach einer Verlusterfahrung vorschreiben. Auch die Klage bzw. Anklage gegen Gott gehört zu den individuellen Reaktionen auf schmerzhaften Verlust. Man fragt sich: Wie passt das Böse in der Welt mit dem allmächtigen, liebenden Gott zusammen? Die ungezählten Antwortversuche auf diese sogenannte „Theodizeefrage" bleiben Stückwerk. Solange man nicht selbst vom Leid betroffen ist, kommt man ganz gut mit Lehraussagen zurecht. Aber was hilft, wenn das Leid nicht mehr auf Distanz bleibt? Wenn man merkt, dass nicht nur die Ehen anderer scheitern, wenn der Tod viel zu früh anklopft, der Arbeitgeber zwar sein Schäfchen im Trockenen hat, aber ich auf der Strecke bleibe, wenn ich Stammgast beim Arzt werde oder meine Gemeinde an Unversöhnlichkeit zu Bruch geht …

Ich selbst werde mit dem Leid nur fertig, weil ich an einen guten Gott glauben kann. Das Leid führt mich gerade zu ihm, weil ich nicht an ein blindes Schicksal glaube. Also werde ich mein Leben, gerade auch die Tage oder Situationen, die ich am liebsten streichen möchte, mit Gott in Kontakt bringen (beten), denn das Leid ist zwar eine tiefe, aber nicht die letzte oder größte Realität. Gott antwortet auf unsere Klage. Aber nicht nur im Sinne einer Verstehenshilfe. Das wäre zu wenig. Er antwortet dem, der klagt, und gibt ihm Halt. Das ist mehr als nur eine Erklärung auf die Warum-Frage. Denn die bekommen wir nicht immer, aber seiner Hilfe können wir gewiss sein. Gott selbst steht dafür gerade, dass unsere Hoffnung kein leeres Geschwätz ist. Wenn es in dieser Welt mit allem Leid, Hass und Egoismus etwas zu hoffen gibt, dann will ich auf Gott hoffen. Auf den, der die Glaubenden nie loslässt. Gerade dann nicht, wenn es ganz schwierig wird. Gerade dann nicht.

Gegen alle Logik halte ich darum fest: Gott macht nichts verkehrt. Auch die unverständlichsten Entscheidungen sind bei ihm besser aufgehoben als bei uns. Weil er das Ganze überblickt und Maßstäbe hat, die nicht nur für hier und heute gut sind. Unsere Gedanken über Leben und Tod sind immer begrenzt (Jes. 55,7–9) und einseitig, denn wir definieren alles durch unsere Brille und unsere Wertmaßstäbe. Leben, Gesundheit und Wohlergehen zählen für uns zu den höchsten Werten. Können wir überhaupt denken, dass es aus Gottes Sicht noch Wichtigeres gibt? Die Worte Jesu aus Matth. 16,24–26 sind ein wichtiges Korrektiv, wenn uns Karriere über alles geht oder wir Gesundheit um jeden Preis wollen:

Dann sagte Jesus zu seinen Jüngern: „Wer mir folgen will, muss sich und seine Wünsche aufgeben, sein Kreuz auf sich nehmen und auf meinem Weg hinter mir hergehen. Denn wer sein Leben retten will, wird es verlieren. Aber wer sein Leben um meinetwillen verliert, wird es gewinnen. Was hat ein Mensch davon, wenn er die ganze Welt gewinnt, aber zuletzt sein Leben verliert? Womit will er es dann zurückkaufen?“

Tragende Fundamente

Unser Leben liegt wie eine Brücke auf zwei Pfeilern. Darunter tobt das Wasser manchmal gewaltig und macht uns Angst. Aber die Pfeiler haben ein zuverlässiges Fundament. Dieses Bild habe ich im Kopf, wenn ich bei Paulus lese (Röm. 5, 3-5), dass er sich seiner bedrängenden Situationen rühmt, denn *„Trübsal bringt Geduld, Geduld aber Bewährung, Bewährung aber Hoffnung, und Hoffnung lässt nicht zuschanden werden“*. Glorifiziert der Apostel das Elend seines Lebens, ist er ein frommer Phantast? Nein, keineswegs. Er hat gelernt, dass selbst die Bedrängnis ihn nicht von Gott trennt, sondern weiterbringt im Leben. Der Apostel erklärt, warum er diesen geistlichen Prozess von der Trübsal bis zur Hoffnung erlebt. Dazu spricht er die zwei Fundamente bzw. Pfeiler an, auf denen sein Leben ruht: Hoffnung über dieses Leben hinaus auf die zukünftige Herrlichkeit, die Gott geben wird (V. 2), und die Versöhnung mit Gott durch Jesus Christus (V. 11). Diese beiden geistlichen Fundamente gaben ihm Halt, als er in Mazedonien bereits mit seinem Leben abgeschlossen hatte (2. Kor. 1,8–10). Jeder Christ steht auf diesen Fundamenten!

Gott leidet mit an unserem Jammer. Auch er freut sich auf bessere Zeiten und sagt: „Siehe, ich mache alles neu" (Offenb. 21,5). Gott kann schon hier trösten, wie Eltern Kinder trösten, die auch nicht alles verstehen. Gott gibt Hoffnung, nicht nur dem Leidenden.

Manchmal habe auch ich nur noch ein Glaubensminimum – aber es reicht, wenn ich noch beten kann: *„Ich glaube, hilf meinem Unglauben"* (Mark. 9,24). Es ist befreiend zu wissen, dass Gott von unserer jeweiligen geistlichen und emotionalen Befindlichkeit nicht abhängig ist. Denn

Gott ist immer noch Gott
Gott ist immer noch
Gott ist immer
Gott ist
Gott
(Nach einem Lied von Eberhard Laue)

Zu den Hilfen aus der Beziehung zu Gott gehört unverzichtbar die Bitte, dass er sich unserer erbarme, aber auch die Klage hat ihr Recht. Denn niemand muss vor Gott verschweigen, was sich in ihm abspielt.

Freiräume einnehmen

Verlust bedeutet, Gewohntes zu verlassen bzw. verlassen zu müssen und neue Wege zu gehen. Das Betreten neuer Freiräume ist eine schwierige Aufgabe und Chance zugleich. Denn es entsteht eine Lücke, wenn etwas Vertrautes nicht mehr da ist. Das macht Angst. Ungewohntes macht meist Angst, weil wir unsicher sind und nicht wissen, was auf uns zukommt. Als wäre Traurigkeit nicht schon genug Last auf unseren Schultern.

Wie sieht die Chance der Krise denn aus? Ich versuche, es mit drei Reifungsebenen darzustellen:

1. *Wir reifen in der Krise durch neue Selbsterfahrungen*
   - Erkennen, wieso uns eine Lage zur Krise geworden ist. Warum reagiere ich, wie ich reagiere? Warum haut mich etwas um? Wo brauche ich Hilfe?
   - Annehmen der Krise. Annehmen bedeutet nicht gutheißen, sondern etwas als gegebene Tatsache akzeptieren, statt zu verdrängen. Kämpfen ist gut, aber Rebellion vergeudet Kräfte.
   - Umdenken und neue Ziele anvisieren. Verlust verändert unser Leben. Und verändert uns. Es geht nicht mehr so weiter wie bisher. Was bedeutet das konkret?
   - Neu beginnen und kleine Schritte gehen. Überfordern Sie sich nicht. Die Zeit allein heilt zwar keine Wunden, aber Wunden brauchen Zeit, um zu heilen. Kleine Schritte und Zwischenziele sind eher machbar und erreichbar. Das erhöht die Motivation für alles Weitere.

2. *Wir reifen in der Krise durch neue Erfahrungen mit unseren Mitmenschen*
   - Die Hilfe anderer erleben. Das ist eine wertvolle Erfahrung. Wohl dem, der Freunde hat.

- Das Angebot von Seelsorge und Beratung annehmen. Es gibt Fachleute, die helfen können.
- Die Hilfe anderer nicht bekommen. Ja, auch das gehört zu den Erfahrungen in der Krise und macht etwas mit uns und unseren Beziehungen. Selbst darin liegt eine Chance.
- Lernen für die Zukunft. Wenn die Zeit dazu „reif" ist, sollten wir uns der Zukunft stellen. Denn „das Leben geht weiter" ist keine Floskel, sondern Realität.

3. *Wir reifen in der Krise durch neue Glaubens- und Gotteserfahrungen*
   - Glaube, so klein wie ein Senfkorn, reicht aus, denn „Gott kann"! Vertrauen Sie ihm!
   - Gottes Wort wirkt. Man muss es nur kennen und ihm Raum geben.
   - Gebet ist Reden und Hören. Wer nur redet, kann nicht aufmerksam hinhören!
   - Beten und Handeln. Beides gehört untrennbar zusammen und fordert uns heraus.

Manches ist Einstellungssache. Ein paar kleine Hilfen mit großer Wirkung

- Schätzen, was ich habe. Wer etwas verloren hat, hat normalerweise nicht alles verloren.
- Es bleiben uns andere Menschen. Es bleiben uns andere Fähigkeiten. Es bleibt uns, was wir zum Leben brauchen. Es bleibt so viel, was ein Segen ist. Trotz allem!
- Menschen sind wichtiger als materieller Besitz. Wer von seinem Hab und Gut verloren hat oder durch schwere Krankheit geht, der erkennt oft, was im Leben wirklich zählt!
- Eine Alternative als Lösung? Ja, je nach persönlicher Zeit, die man zum Verarbeiten eines Verlustes braucht, findet mancher eine gewisse Alternative.

- Neue Beziehungen etwa. Oder eine andere Aufgabe. Vielleicht ein neues Hobby, bei dem die Krankheit nicht hinderlich ist. Seien Sie offen dafür. Neues annehmen bedeutet nicht, das Alte, das Frühere rückwirkend gering zu achten.
- Danken Sie für das, was war und was Sie hatten, denn weder Trennung und Tod, weder Alter oder Krankheit können ungeschehen machen, was Ihnen einmal wertvoll war. Alles hatte und hat seine Bedeutung auch für die Gegenwart. Unsere wertvolle Vergangenheit hat die Gegenwart geprägt und ragt, selbst wenn etwas beendet ist, in unsere Zukunft hinein. Solche Dankbarkeit ist stark genug, um es sogar mit unserer Trauer aufzunehmen und ihr manchen Schrecken zu entreißen.

Zum Abschluss: Kleine Hilfen für Helfer

Zum Schluss möchte ich noch einige Hilfen für „freundliche bzw. seelsorgerliche Weggefährten“ anschließen. Es geht um praktische Hilfen statt gut gemeinter Ratschläge. Denn wer am Abgrund steht, braucht Richtungswechsel.

Abbruch und Umbruch

Eine Steilküste birgt große Gefahren. Trotzdem ist sie nicht mit einem Schutzgitter versehen. In unserem Leben gibt es viele Angst machende, gefährliche Abgründe, etwa Krankheit und Trauer, Zerbruch von Beziehungen, Verlust des Arbeitsplatzes, finanzielle Sorgen, Burnout, Einsamkeit, Sinnlosigkeit ... Niemand ist davor sicher.

Wenn Menschen mit ihren Kräften, Hoffnungen und Möglichkeiten am Ende sind, wird der Abbruch zum Umbruch im Leben. Nichts wird mehr so sein, wie es war.

Zur Befindlichkeit am Abgrund

Der Abgrund der Steilküste macht unsicher und ängstlich. Und man wird abstürzen, wenn man die Richtung nicht ändert. Menschen in schweren Krisen kommen mit sich selbst nicht mehr zurecht, verstehen die Welt nicht mehr, zweifeln an Gott und haben manchmal das Empfinden: Alle sind gegen mich – zumindest ist keiner da, der mir hilft. Mancher verharrt in der Gefahrenzone und ist wie gelähmt.

Schritte in die richtige Richtung gehen

Die praktische Hilfe beginnt eigentlich damit, dass man sich einem Menschen in existenzieller Lage zuwendet und ihm damit einen ersten neuen Orientierungspunkt anbietet. Zuwenden kann sich nur der, der die gefährliche Situation und die Signale des anderen richtig deutet. Das können Traurigkeit, Schlaflosigkeit, Nervosität oder Suchtverhalten sein, aber auch Isolation, Rückzug, Interessenlosigkeit oder auffälliges Schweigen ebenso wie verbale Hilferufe.

Neue Orientierung bedeutet für den Leidenden: Es gibt nicht nur mich und nicht nur den Absturz als Möglichkeit. Wer sich einem Menschen zuwendet, hilft ihm, sich nicht um sich selbst zu drehen, sondern Fixpunkte außerhalb der Krise wahrzunehmen.

Abstand und Aktivierung

Der Helfer muss nah kommen, ohne zu nah zu sein – und damit ebenfalls in der Gefahrenzone zu stehen. Völlig beherrschtes Verhalten kann als gefühllos, unecht und kalt empfunden werden; zu viel impulsiv-spontanes und emotionales Verhalten kann den Leidenden zusätzlich verunsichern. Darum braucht es eine emotionale Distanz, um Ruhe auszustrahlen (ohne unbeteiligt zu wirken).

Zur Aktivierung gehört zunächst einmal, dem Trauernden oder Ängstlichen oder Einsamen Raum zu geben, seine Gefühle zu äußern. Das kann sich im Weinen ausdrücken. Oder im Schreien. Oder in anklagenden Worten. Wenn Helfer das aushalten, weil sie es nicht auf sich persönlich beziehen, erfährt der andere, dass er ernst genommen und nicht belehrt wird.

Danach kann der Leidende vielleicht schon äußern, was er sich wünscht und was er will. Von Jesus Christus können wir lernen, dass die Nachfrage nach dem Willen des Menschen sehr wichtig ist. Denn daran kann man am ehesten anknüpfen (was der Mensch nicht will, tut er in der Regel nämlich nicht oder nicht anhaltend). Und der Helfer bekommt durch diese Botschaft nicht selten so etwas wie einen konkreten Arbeitsauftrag.

Eigenaktivität und Verantwortung

An die Hand nehmen ist gut, aber man muss auch wieder loslassen, damit ein Mensch seine Selbstständigkeit (= selbst stehen können!) nicht verliert bzw. sie zurückgewinnt. Wer kleine Schritte gehen kann, findet darin Mut zu größeren, etwa wenn er nach der Trauer wieder auf andere zugeht oder sich etwas Schönes gönnt. Wenn er in Krankheit entdeckt, dass nicht sein ganzes Leben mit allen Möglichkeiten lahmgelegt ist. Kleine Schritte durchbrechen die Aussichtslosigkeit.

Die Verantwortung für die nächsten Schritte sollte man niemandem abnehmen, denn sie gehört zu dem Wertvollsten, was wir haben. Wer das missachtet, macht gut gemeint (aber falsch) Menschen von sich abhängig und hält sie in der Hilfsbedürftigkeit.

Ein Betroffener muss mitdenken und kleine Aufgaben erledigen. Das fordert dazu heraus, sich selbst mit der Problemlösung zu befassen (im Rahmen der Möglichkeiten) und nicht nur über die Ausweglosigkeit und Not zu grübeln oder zu klagen.

Zuversicht und Ermutigung
Es geht nicht darum, Probleme zu verharmlosen, sondern Hilfen aufzuzeigen und zu kleinen Schritten anzuleiten. Der Leidende kann lernen, sich selbst wieder etwas zuzutrauen und zugleich externe Hilfe anzunehmen, durch die er weiter stabilisiert wird. Wer die kleinen Schritte des anderen positiv hervorhebt, ermutigt ihn zu weiteren Entscheidungen, Konsequenzen und Handlungen.

Der christliche Glaube an Gott und die Erfahrung seiner Hilfe, die gerade den Kranken, Leidenden, Angefochtenen, Einsamen gilt (siehe die Seligpreisungen Jesu in Matth 5, 1–12), eröffnet eine Perspektive, die nicht in den menschlichen Möglichkeiten liegt und darum weit darüber hinausgeht.

Handgreifliche Liebe
Wenn wir ganz praktisch werden, dann begleiten wir einen ängstlichen Menschen zum Arzt; schenken einem Einsamen kein neues Buch, sondern zwei Stunden unserer wertvollen Zeit; erledigen mit Trauernden Behördengänge und Schriftverkehr; kochen für die gestresste Familienmutter einen Eintopf; lesen und beten mit dem Zweifler; machen mit dem Suizidgefährdeten feste Zeiten für neue Treffen aus; suchen Adressen empfehlenswerter Beratungsstellen heraus; begleiten einen „reuigen" Sünder auf dem Weg zur Entschuldigung usw.

Liebe hält Menschen am Abgrund fest, zeigt ihnen eine neue hoffnungsvolle Richtung auf und geht die ersten Schritte mit.

Harald Petersen ist Pastor und Seelsorgereferent des Bundes Freier evangelischer Gemeinden in Deutschland. Bücher und Seminare des Autors finden Sie unter: www.petersen-harald.de.

Eine unverhoffte Wiederkehr

Adrian Plass

Der Besuch

Gebunden mit Schutzumschlag

80 Seiten

ISBN 978-3-86506-143-0

Es ist keine bedeutende Gemeinde, die sich der Gründer der Kirche für seinen Besuch ausgewählt hat. Und wie schon vor 2000 Jahren hält er sich wieder nicht an die Spielregeln und zeremoniellen Abläufe. Für die einen wird er zum Stein des Anstoßes, für die anderen zum Retter und Befreier ...

Die tief bewegende Geschichte einer unverhofften und unerwarteten Wiederkehr, die das Herz eines Menschen und die Grundfesten ganzer Kirchen erschüttern kann.

Brendow
VERLAG + MEDIEN